高职生
创新创业教育（上）

GAOZHISHENG
CHUANGXIN CHUANGYE JIAOYU (SHANG)

主　编　朱栋国　杨忠祥　李　盟
副主编　何　达　陈　旭　陈妍斌　张　媛
主　审　邹礼均

重庆大学出版社

内容提要

本书以模块的形式进行编写，共分为 8 个部分，包括创新与创新精神概述、开启创新思维、应用创新技法、创新品格、初识创业、创业能力、创业心理、创业者的个性品质等内容。本书框架结构完整，将创新创业的流程进行了环环相扣的阐述，将复杂的知识简单化，更加有助于学生深入理解，为高职院校的学生勾画出知识的地图。本书适合作为高职院校创新创业教学的教材。

图书在版编目（CIP）数据

高职生创新创业教育. 上／朱栋国，杨忠祥，李盟
主编. --重庆：重庆大学出版社，2024.2
ISBN 978-7-5689-4363-5

Ⅰ．①高… Ⅱ．①朱… ②杨… ③李… Ⅲ．①高等职
业教育—创造教育 Ⅳ．①G717.38

中国国家版本馆 CIP 数据核字（2024）第 015565 号

高职生创新创业教育（上）

主　编：朱栋国　杨忠祥　李　盟
副主编：何　达　陈　旭　陈妍斌　张　媛
主　审：邹礼均
策划编辑　沈　静
责任编辑：沈　静　　版式设计：沈　静
责任校对：刘志刚　　责任印制：张　策
＊
重庆大学出版社出版发行
出版人：陈晓阳
社址：重庆市沙坪坝区大学城西路 21 号
邮编：401331
电话：(023)88617190　88617185(中小学)
传真：(023)88617186　88617166
网址：http://www.cqup.com.cn
邮箱：fxk@cqup.com.cn（营销中心）
全国新华书店经销
重庆升光电力印务有限公司印刷
＊
开本：787mm×1092mm　1/16　印张：10　字数：240 千
2024 年 2 月第 1 版　　2024 年 2 月第 1 次印刷
印数：1—4 000
ISBN 978-7-5689-4363-5　定价：39.00 元

前　言

近年来,高职生除了将直接就业、考公务员、考研作为发展方向,更多投身于创业大军,创造了不少成功的案例,这些成功的案例促使更多的高职生踊跃尝试。

创新创业教育对于广大高职院校来说是一种全新的教育尝试,每所高职院校根据所处的地理位置和区域经济的不同,以及学校本身的特点,其教育模式和教育理念也有所区别。但是,无论怎样不同,各校的创新创业教育都以培养学生的创新意识、创新精神和创业能力为目的。本书就高职院校如何开展高职生创新创业教育展开深入研究。

本书以模块的形式进行编写,包括创新与创意概述、开启创新思维、应用创新技法、创新品格、初识创业、创业能力、创业心理、创业者的个性品质等内容,涵盖从创业者自身素质到创业客观因素的一系列详细内容。本书的主要特色为:框架结构完整,环环相扣,将创新创业的流程进行阐述,为高职生勾画出知识的地图。本书的亮点在于结合实践,将复杂的知识简单化,有助于学生深入理解。

本书由重庆安全技术职业学院朱栋国、杨忠祥、李盟担任主编;何达、陈旭、陈妍斌、张媛担任副主编;邹礼均担任主审。具体编写分工为:模块1、模块2、模块3由朱栋国、杨忠祥、何达编写;模块4、模块5由李盟、陈旭编写;模块6、模块7由朱栋国、陈妍斌编写;模块8由杨忠祥、张媛编写。

本书在编写的过程中,参考了大量资料,在此向各位老师表示感谢。由于作者水平有限,书中难免存在疏漏之处,敬请读者批评指正。

编　者
2024 年 1 月

目 录

C O N T E N T

模块 1
创新与创意概述

1.1 创新的定义与分类

1.1.1 创新的定义

创新是指人们为了满足自身需要,不断拓展对客观世界与自身的认知和行为,从而产生有价值的新思想、新举措、新事物的实践活动。

创新往往突破常规和原有的思维定式,是一种新的变革,能够产生新的发明,带来新的改变。在创业中,创新可以是产品结构、性能、外部特征等方面的变革,也可以是造型设计、表现形式等方面的创造,还可以是业务内容方面的完善。

1)创新的特征

具体来讲,创新具有以下几个基本特征。

(1)目的性

任何创新活动都有一定的目的,这个特性贯穿创新过程的始终。创新总是围绕解决某一个问题进行的,总是与完成某一项任务相联系的。归根结底,创新的最终目的是不断满足人类自身生存发展的需要。

(2)变革性

创新是对已有事物的改革和革新,是一种深刻的变革。故步自封、安于现状、不想变革,都不会有创新。

(3)新颖性

创新是对现有不合理事物的抛弃,是革除过时的内容,确立新事物。在确立新事物的过程中,引入的新概念、新工艺或新产品等,与过去相比都具有新颖性。只有对原有的事物注入新的因素,才能得以更新、发展和突破。

(4)价值性

创新的成果必须具有明显的、具体的价值,必须能够满足人们的某种需要,能够对促进经济社会的发展具有一定的效益;否则,创新也就失去了意义。

(5)发展性

创新是一个不断发展的过程,是创造新知识、应用新知识并不断发展知识的过程。对知识创造、应用、再创造、再应用的循环往复是人类创新永无止境、无限发展的客观规律。在知识经济时代,创造知识和应用知识的能力与效率将成为影响一个国家综合国力和国际竞争力的重要因素。

2）创新的原则

创新的原则是开展创新活动依据的法则和判断创新构思凭借的标准。

（1）遵守科学原理原则

创新必须遵循科学技术原理，不得有违科学发展规律。因为任何违背科学技术原理的创新都是不能获得成功的。例如，近百年来，许多才思卓越的人耗费心思，力图发明一种既不消耗任何能量又可源源不断对外做功的"永动机"。但无论他们的构思如何巧妙，都逃不出失败的命运，其原因在于他们的"创新"违背了"能量守恒"的科学原理。

（2）社会评价原则

创新设想要获得最后的成果，必须经受走向社会的严峻考验，爱迪生曾说："我不打算发明任何卖不出去的东西，因为不能卖出去的东西都没有达到成功的顶点。能销售出去，就证明了它的实用性，而实用性就是成功。"在进行社会评价时，把握评价事物使用性能最基本的几个方面，然后在此基础上得出结论，主要包括解决问题的迫切程度、功能结构的优化程度、使用操作的可靠程度、维修保养的方便程度、美化生活的美学程度。

（3）相对较优原则

创新不可盲目追求最优、最佳、最美、最先进，创新产物不可能十全十美。在创新过程中，利用创造原理和方法，获得许多创新设想，它们各有千秋。这时，就需要人们按相对较优的原则，对设想进行判断选择。运用该原则，应着重考虑以下几个方面：从创新技术的先进性进行比较；从创新经济的合理性进行比较选择；从创新的整体效果进行比较选择。

（4）机理简单原则

创新只要效果好，机理越简单越好。在现有科学水平和技术条件下，如果不限制实现创新方式和手段的复杂性，所付出的代价可能远远超出合理程度，使得创新的设想或结果毫无使用价值。在科技竞争日趋激烈的今天，结构复杂、功能冗余、使用烦琐已成为技术不成熟的标志。因此，在创新过程中，要始终贯彻机理简单原则。为使创新的设想或结果更符合机理简单的原则，可进行如下检查：新事物依据的原理是否重叠，是否超出应有范围；新事物拥有的结构是否复杂，是否超出应有程度；新事物具备的功能是否冗余，是否超出应有数量。

（5）构思独特原则

我国古代军事家孙子在《孙子兵法·势篇》中指出："凡战者，以正合，以奇胜。故善出奇者，无穷如天地，不竭如江河。"所谓"奇"，就是"思维超常"和"构思独特"。创新贵在独特，创新也需要独特。在创新活动中，关于创新对象的构思是否独特，可以从以下几个方面进行考察：创新构思的新颖性；创新构思的开创性；创新构思的特殊性。

（6）不轻易否定、不简单比较原则

不轻易否定、不简单比较原则是指在分析评判各种产品创新方案时应注意避免轻易否定的倾向。在飞机发明之前，科学界曾经从"理论"上进行了否定的论证。过去也曾有权威人士断言，无线电波不可能沿着地球曲面传播，无法成为通信手段。显然，这些结论都是错误的，这些不恰当的否定之所以出现，是因为人们运用了错误的"理论"，而更多的不应该出现的错误否定,则是由于人们的主观武断,给某项发明规定了若干用常规思维分析证明无法达到的技术细节的结果。

在避免轻易否定倾向的同时,还要注意不要随意在两个事物之间进行简单的比较。不同的创新,包括非常相近的创新,原则上不能以简单的方式比较其优势。不同创新不能简单比较的原则,带来了相关技术在市场上的优势互补,形成了共存共荣的局面。创新的广泛性和普遍性源于创新具有的相容性。如市场上常见的钢笔、铅笔就互不排斥,即使都是铅笔,也有普通木质的铅笔、金属或塑料杆的自动铅笔之分,它们之间也不存在排斥的问题。

以上是在创新活动中要注意并切实遵循的原则,这些原则是根据千百年来人类创新活动成功的经验和失败的教训提炼出来的,是创新智慧和方法的结晶。这些原则体现了创新的规律和性质,按创新原理和原则去创新并非束缚人的思维,而是将创新活动纳入安全可靠、快速运行的大道上来。

1.1.2　创新的分类

虽然创新有大小层次之分,但无领域范围之限。从不同角度可以对创新做不同类型的划分。

1）根据创新的性质划分

（1）原始创新

原始创新是指前所未有的重大科学发现、技术发明、原理性主导技术等创新成果。原始性创新意味着在研究开发方面,特别是在基础研究和高技术研究领域取得独有的发现或发明。原始创新是最根本的创新,是最能体现智慧的创新,是一个民族对人类文明进步做出贡献的重要体现。

（2）集成创新

集成创新是利用各种信息技术、管理技术与工具等,对各个创新要素和创新内容进行选择、集成和优化,形成优势互补的有机整体的动态创新过程。集成创新强调灵活性,重视质量和产品多样化。

现代企业集成创新以提高企业持续的整体竞争力为目标,创新过程与创新资源创造性地集成与协同。虽然集成创新的概念还没有一个非常准确的定义,但无论何种表述都一致认为,集成创新的主体是企业,集成创新的目的是有效集成各种要素,在主动寻求最佳匹配要素的优化组合中产生"1+1>2"的集成效应。

（3）引进、消化吸收再创新

引进、消化吸收再创新是最常见、最基本的创新形式,其核心概念是利用各种引进的技术资源,在消化吸收基础上完成重大创新。引进、消化吸收再创新与集成创新的相同点在于,都是以已经存在的单项技术为基础;不同点在于,集成创新的结果是一个全新的产品,而引进、消化吸收再创新的结果是产品价值链某个或某些重要环节的重大创新。

2）根据创新的内容划分

（1）理论创新

理论创新是指人们在社会实践中,对出现的新情况、新问题做新的理性分析和理性解答,对认识对象或实践对象的本质、规律和发展变化的趋势做新的揭示和预见,对人类历史经验和现实经验做新的理性升华。简单地说,就是对原有理论体系或框架的新突破,对原有理论和方法的新修正、新发展,以及对理论禁区和未知领域的新探索。

（2）制度创新

制度创新是指在人们现有的生产和生活环境条件下,通过创设新的、更能有效激励人们行为的制度、规范体系来实现社会的持续发展和变革的创新。所有创新活动都有赖于制度创新的积淀和持续激励,通过制度创新得以固化,以制度化的方式持续发挥自己的作用,这是制度创新的积极意义所在。

制度创新的核心内容是社会政治、经济和管理等制度的革新,是支配人们行为和相互关系的规则的变更,是组织与其外部环境相互关系的变更,其直接结果是激发人们的创造性和积极性,促使人们不断创造新的知识,社会资源合理配置,社会财富源源不断,最终推动社会进步。

（3）科技创新

科技创新是指创造和应用新知识、新技术、新工艺,采用新的生产方式和经营管理模式,开发生产新产品,提高产品质量,提供新的服务的过程。科技创新可以分为 3 类:知识创新、技术创新和现代科技引领的管理创新。从微观上讲,科技创新有助于企业占领市场并实现市场价值,从而提升企业的核心竞争力乃至区域竞争力。从宏观上讲,科技创新可以推动技术的创新发展,促进社会生产力的提高,减少环境污染,满足社会需求,解决社会问题。

知识拓展

自主创新,掌握核心科技

作为中国为数不多的女性掌门人,董明珠能吃苦、独立、不服输的精神为业界称道。

1994 年年底,在格力电器最困难的时候,董明珠接过了经营部长一职,着手治理格力渠道乱象,1 年之后,格力销售收入达到 28 亿元。

1995—2005 年,董明珠领导的格力电器,连续 11 年空调产销量、销售收入、市场占有率均居全国首位。2012 年 5 月,格力电器宣布,公司总裁董明珠正式被任命为格力集团董事长。在长期的市场实践中,董明珠摸索出的一整套独特营销模式——"格力模式"也迎来业界的纷纷效仿,即自建销售渠道,将厂商利益进行了有机的捆绑,充分抓住了当时渠道的性质,建成了"利益共同体",为格力的持续、高效、稳步发展提供了强有力的动力支持。

即使这样,董明珠遭遇的质疑也从未间断。"营销女王"的头衔仿佛也暗示着不懂技术的讽刺。但是，董明珠这个与"格力""空调"画等号的"铁娘子"，无论做空调，还是卖空调，都推向一种极致状态——投入巨资自主研发创新，自己掌握核心科技。

2013 年，在董明珠的带领下，格力总营收达到 1200 亿元。面对市场的追逐，董明珠并没有让格力迷失方向。长期以来，董明珠带领格力在技术创新、提高能源效率和缓和环境恶化方面进行着不懈的努力。2014 年 9 月 17 日，董明珠被联合国正式聘为"城市可持续发展宣传大使"。

"格力电器是一家国有企业，却身处竞争非常激烈的家电行业，格力电器的出路在哪里？怎么在市场上脱颖而出？格力电器唯一可以依靠的就是质量。"董明珠认为。

（4）文化创新

文化无论在交流的过程中传播，还是在继承的基础上发展，都包含文化创新的意义。文化发展的实质，在于文化创新。文化创新，是社会实践发展的必然要求，是文化自身发展的内在动力。

文化创新可以推动社会实践的发展。文化源于社会实践，又引导、制约着社会实践的发展。推动社会实践的发展，促进人的全面发展，是文化创新的根本目的，也是检验文化创新的标准所在。

1.2 创新能力构成要素

广义的创新是指通过创造或引入新的技术、知识、观念或创意，创造出新的产品、服务、组织、制度等新事物，并将之应用于社会以实现其价值的过程。策划中取创新的广义概念，包括创意行为。创意，即创造新的主意或点子，创意既是人们在经济、文化活动中产生的思想、观点、想象等新成果，也是一种创造新事物、新形象的思维方式和行为。在一定程度上，创意是创新的重要内容与形式。

创新能力也称创造力，是指每个人或群体在特殊的环境下，运用已知的信息发现新问题，对问题寻求答案，产生出某种新颖而独特、具有社会价值或个人价值的物质或精神产品的能力，具体来讲，就是发现新问题、提出新设想、创造新事物的能力。策划人的创新能力包括求新求异的意识、丰富的知识阅历、熟练的创新方法、精准的价值判断，在此基础上才能形成强大的创新能力。

1.2.1 创新意识

意识是人脑对客观事物间接和概括的主观反映。创新意识是指"人们根据社会和个体生活的需要，引起创造前所未有的事物或观念的动机，并在创造活动中表现出的意向、愿望和设想，自觉或自发进行创造活动的一种心理准备状态。创新意识表现为一种内在的创新欲望,表现为在创新活动中有高度的热情、足够的自信心、独立思考和勇于探索的品质,是人类意识活动中一种积极的、富有成果性的表现形式,是人们进行创新活动的出发点和内在动力"。

简而言之,创新意识是人们进行创新的积极欲望和主观能动性,但正如积极心理学大师米哈里·希斯赞特米哈伊(Mihaly Csikszentmihalyi)在《创造力:心流与创新心理学》中所言:"每个人生来都会受到两套相互对立的指令的影响:一种是保守的倾向,由自我保护、自我夸耀和节省能量的本能构成;另一种是扩张的倾向,由探索、喜欢新奇和冒险的本能构成。"对策划而言,重要的是激活后一种本能。因为任何一个人,如果无意于创新,纵使天赋超卓、满腹经纶,也难以形成创新成果。优秀的策划人必须具备强烈的创新意识,思维活跃、勇于挑战、乐于创造。从实践经验来看,培育策划人的创新意识可从两个方面努力:一是求新意识;二是求异意识。

所谓求新意识,即强调"无中生有"、从"0"到"1"的原创性。面对一个问题时,不桎梏于思维定式,对习以为常的处理方式持怀疑和批判的态度,积极思考和寻找新路径、新方法。例如,澳大利亚旅游局策划的"世界最好的工作"推广活动,没有走传统的"媒体轰炸"道路,而是在营销内容与形式上下功夫。因为活动新颖、有趣,所以引发了全球性关注,获得了极好的宣传效果。

所谓求异意识,就是要追求差异化、特色化,独树一帜。需要指出的是,此处的"异"是针对"同"而言的,"异"以"同"为基础,是尊重行业共同规律的"异",不是因"异"而"异"。换言之,在策划活动中,首先要找到已经存在的、与策划对象具有类似性质的标杆事物或创新做法,然后归纳总结,发掘其相同(规律性)与相异(特殊性)之处,进而做好相同,突出相异。例如,百事可乐的创新战略,面对强大的对手可口可乐,其核心突出"年轻",与可口可乐的"经典"形成强烈反差。

从创新意识培养的角度来说,策划人最根本的还是要形成创新人格。所谓创新人格,就是具有创新活动倾向的各种心理品质的总和。创新人格反映的是创新主体良好的思想面貌和精神状态。就创新人格而言,应具备强烈的兴趣与好奇心、不断进取的自信心、独立的判断精神、胸怀社会的责任心、百折不挠的意志力、开放的心态及团队协作的精神,这些也应成为策划人的优良品质。

1.2.2　丰富的知识阅历

伟大的想法总是出现在文化和经验交错的十字路口。创新能力需要知识和阅历作为基础。虽然知识和阅历不能完全决定创新能力之高低,但创新者只有站在巨人的肩膀上,才能拥有更广阔的视野,展开更光辉的想象翅膀,因此,策划人强调读万卷书、行万里路和历万端事。

人类知识浩如烟海,策划人需要知晓的知识主要有3类:一是通识性知识,如历史、文学、经济、地理、政治等基本知识。这些知识奠定了策划人创新能力"金字塔"的最底层。二是策划理论知识,包括策划的原理、原则、方法和工具等。它们是策划人的职业技能与看家法宝，是区别于非专业人士的根本所在。三是专业性知识。因为各领域都涉及策划，如会议策划、活动策划等，不同领域都有自己的专业知识和独特规律，所以，为了让策划创新更具有合宜性和价值感，策划人还需要掌握专业领域的知识。正如威廉·伯恩巴克（William Bernbach）所言："知识，仅仅是激发优秀创意性思考的基础，它们必须被消化吸收，才能形成新的组合或者新的关系，以新鲜的方式问世，才能产生出真正让人惊叹的创意。"这要求策划人，有了知识，还要活学活用，让阅历随着年龄而增长。策划人要让阅历成为创新的底蕴而不是绊脚石。这要求策划人做生活中的有心人，从身边发现创新的要素。在生活中提升创新能力的一种有效方法是做笔记，随身携带小笔记本（更方便的是用手机备忘录），将灵光乍现的想法记录下来，逐渐形成自己的创新创意资料库，以备未来之用。同时，要培养敏锐的洞察力，善于观察和感悟生活，从生活中挖掘创意源泉。

1.2.3　熟练的创新方法

有效率的创新依赖于正确的创新方法。有效率的创新是人们根据创新思维规律总结出来的关于创新发明的一些原理和技巧。这里包括两层含义：一是创新思维；二是创新工具。提升创新能力，最重要的不是去寻找某种特别的灵感，而是学会如何掌握训练思维，活用创新工具，领悟创新背后的内在逻辑与规律。

创新思维是人们提升创新能力的核心与关键。思维创新培育，首先要突破思维定式。很多伟大的创新都是因为敢于打破常规，主动解开知识链的环扣，大胆地提出新的假设。其次，要刻意训练发散思维（包括横向思维、纵向思维、逆向思维、质疑思维、求异思维等），聚合思维（求同思维、复合思维、聚焦思维等），想象思维等多种思维方式，在"山重水复疑无路"之际，通过思维转换，常会"柳暗花明又一村"，形成新的思路和创意。

创新工具更像是一种思维创新的程序或框架，具体指导人们如何进行创新，如经常采取的 6 顶思维帽、奥斯本检核表法、卡片整理法等。策划人需要熟练掌握这些工具，才能避免碰到创新任务时手足无措。

知识拓展

提高创造性的"十大步骤"

1. 多看别人的创意。

2. 无论你是单独思考，还是参与团体思考，多用头脑风暴。

3. 随身携带笔记本和纸，以便随时记下突然闯入大脑的灵感。

4. 如果你被一个问题困住，打开字典，胡乱选择几个单词，然后进行随机组合，可以帮助你的思维进入未知的新方向。

5. 确保自己认清问题本质，因为这将帮你更加容易想出创意和解决方案。

6. 散步或淋浴。

7.如果想放松一下自己,可以散散步、听听轻松的音乐或观察美丽的大自然(如海洋、大山和树木)。如果想启动创造性思维,建议读读书,猜猜谜语,自娱自乐是个好办法。

8.每天做一些从来没有做过的新鲜事情,如吃奇怪的食物,穿新的衣服,选择不同的上班路线,向陌生人介绍一下自己等。

9.读书,读书,再读书。

10.通过涂鸦、写作、猜谜语、辩论或做任何能让自己形成新想法的事情锻炼大脑。

1.2.4　精准的价值判断

创新能力还包括对创新成果的判断能力。在创新过程中,我们的头脑中通常会涌现出很多想法或主意,但哪些创意才有实际价值,哪些创意值得进一步延展和完善,这就考验着策划人的判断能力。一般而言,策划人需要为自己树立一个创新的价值评估体系,如询问自己:这个创新能解决客户的问题吗? 创意新颖独特吗? 具备可靠性和持续性吗? 客户的组织和资源能支撑吗? 从而对各种脑海中的创意进行评估,然后逐渐聚焦其中3个左右的创意继续深化。

1.3　创新的过程与要点

任何事物的发展都有一个过程,创新也是如此。不同领域的专家对创新阶段有不同的理解。英国心理学家华莱士(G.Wallas)将创新分为4个阶段:准备阶段(发现问题和界定问题)、酝酿阶段(提出假设、发挥构想)、顿悟阶段和验证阶段。美国广告大师詹姆斯·韦伯·扬(James Webb Young)提出了创意生成的5个阶段:收集原始资料、研究素材、整合孵化、创意诞生和修正阶段。头脑风暴法的发明人亚历克斯·奥斯本(Alex Faickney Osborn)将创新分为强调某个问题、收集相关资料、有关资料分类、用观念进行各种组合、松弛促使启迪、将各部分结合、判断所得思想成果7个阶段。

结合以上各领域专家的论述,创新包括5个鲜明的阶段,即问题界定阶段、资料收集阶段、分析酝酿阶段、顿悟突破阶段和检验创新阶段。

1.3.1　问题界定阶段

现代管理学之父彼得·德鲁克(Peter F.Drucker)曾说:"最重要、最艰难的工作从来不是找到对的答案,而是问出正确的问题。因为世界上最无用,甚至最危险的情况,就是虽然答对了,但是一开始就问错了。"问题(或者矛盾)是激发创新的源头。具体而言,创新需求是由原有的或旧的事物客体(包括物质客体和精神客体)不能满足或不能很好地满足创新主体的愿望激发的。要解决这一矛盾,策划人需要通过创新的方式来实现,即通过创新变革原有的客体,使其发生变化,进而在主体与客体、主观与客观之间建立起新的协调统一关系。

问题界定阶段就是要多角度、全方位、立体式地分析和思考问题,确定问题的焦点、解决的方向与目标等。只有明确真正的问题,才能为创新指明方向。

1.3.2　资料收集阶段

俗话说:"巧妇难为无米之炊。"创新同样需要素材与资料。在创新过程中,要围绕问题和解决的方向,广泛收集资料。其中,有 3 个基本原则:第一,问题导向原则。收集资料切忌漫无目的,漫天撒网。如在影视营销策划时,首先需要弄清楚影片故事、主题和亮点所在,才能设计搜索关键词,通过各种途径收集资料。第二,完备原则。根据一定的维度,尽量收集主题涉及的全部资料,以便全面掌握信息。如楼盘营销策划,就需要解析楼盘各种参数、周边竞争者信息、居民购买能力和城市房产政策等,然后找到核心卖点,进行创新创意。第三,效用原则。收集资料要精准有效。由于策划追求实效性,切忌贪多嚼不烂,浪费宝贵的时间和精力,因此,收集资料应围绕问题核心,按照重要程度依次收集,如楼盘营销首先应收集楼盘自身的信息,了解预售产品,这是基础,然后才是收集竞争者和其他相关的信息材料。

1.3.3　分析酝酿阶段

进入分析酝酿阶段,在问题的引导下,策划人需要对资料进行阅读,将资料熟记于心,酝酿创新思路和创意点子。创新是旧要素的新组合。因此,分析酝酿阶段的根本任务是打破要素之间旧的联结,形成新的联结。大脑要积极地对各种思维材料、只言片语、记忆片段、抽象概念、声音节奏等进行不断排列、连接、组合、重构,进行深入的加工与组织。

具体而言,首先,要熟悉资料,只有将各种资料烂熟于心,大脑才有加工的素材。其次,要分析资料,即掌握每份资料中蕴藏的核心信息(观点)、思维逻辑和内在精髓。为了更有效率,可以先粗略地将所有资料浏览一遍,然后选择其中最重要或富有创见的资料,进行细致的分析,吸取其思想精华。再次,在充分掌握资料的情况下,打破定式、大胆想象、酝酿创新。这个阶段需要注意的是积极探索各种要素的不同组合,假想"如果……会怎样"。同时,应松弛有度,在经过一段时间的高强度思考之后,可以散步、听音乐、喝咖啡、聊天,或者干脆睡觉,让大脑充分放松。最后,再次进行高强度思考,探索各种可能的组合形式,形成不同的创新点子和创意。在这个过程中,如果个人脑力不够用,有效的办法是组织几个人进行头脑风暴,激发出新的思路和创意。

1.3.4　顿悟突破阶段

创新的根本目的是实现突破。在分析与酝酿的过程中,会不时闪现出一些创意亮点。

但真正的创新是让自己兴奋的创新,有一种"就是它了,我终于找到了"的心理体验,如阿基米德发现浮力原理后的兴奋情形。此时,策划人要敏锐地捕捉到创意点,并进行深入、细致的修改、补充、锤炼、提高,形成具体的创意思路,让创新从一个点变成一个系统性的思维成果。例如,在城市战略策划中,不仅要明确城市发展定位,还要创造宣传语,设计系列创意项目或活动,形成以定位为核心的系统配称。如果单独一个点子或创意,还不足以完成创新重任。

詹姆斯·韦伯·扬曾提出著名的"创意魔岛效应":古代传说中,水手看到有些南太平洋的岛屿突然出现,但科学家知道,那些岛屿并非凭空出现,而是海面下数以万计的珊瑚礁经年累月所形成的,只是在最后一刻才突然出现在海面上。策划创新亦然。一切有价值的创新都是经过反复酝酿、艰苦思索、厚积薄发而来,绝非灵光一现、妙手偶得。

1.3.5　检验创新阶段

创新思路或创意初步形成之后,需要结合实际情况进行检验。检验创新通常有 3 个原则:一是独特性,或者与主题的契合度与贴近性。也许一个创意具有震撼性、新奇性,但如果不能准确地反映主题,那么这种创意就是没有效度的。二是新颖性,即创意既能够在意料之外,又能够在情理之中,具有原创性和个性。三是可行性,如果一个策划的创意或创新方案没有可行性,那么基本没有多大价值。因为策划的指向是落地实施,不是纯粹的理论探索。在检验之后,需要对创新创意方案(或观点)不断进行调整与完善,直到贴近实际,具有很高的实践指导价值。

知识拓展

创意生成的"两大原则"和"五个阶段"

詹姆斯·韦伯·扬是美国著名的广告大师,曾任智威汤逊广告公司的创意总监。他是通才杂学的广告大师,他建立了智威汤逊的国际网络。他的一生著作甚多,其中,最有影响力的当属《创意的生成》,虽然创作时间较早,却流传甚广,时至今日仍被广告界奉为经典之作,是美国广告学科系学生的必读书之一。

詹姆斯·韦伯·扬在谈论具体创意步骤前,特别强调了广告创意的两项重要原则。

第一个原则:创意其实并不深奥,不过是旧要素的新组合。

第二个原则:要将旧要素构建成新组合,主要依赖以下几项能力,即能洞察不同事物之间的相关性。

在此基础上,詹姆斯·韦伯·扬提出了创意生成的 5 个步骤。

步骤1:收集原始资料。原始资料分为一般资料和特定资料。一般资料是指人们日常生活中所见所闻的、令人感兴趣的事实。特定资料是指与产品或服务有关的各种资料。旧要素就是从这些资料中获得的,因此,要获得有效的、理想的创意,原始资料必须丰富。

步骤2:内心消化过程。在头脑中反复研究这些素材,这个步骤就像吃饭一样,将对所收集的资料不断进行咀嚼、消化和吸收。

步骤3:创意孵化阶段。将不同素材交给潜意识去整合。酝酿在这一阶段,创作者不要做任何努力,尽量不要去思考有关问题,一切顺其自然。简而言之,就是将问题置于潜意识之中。

步骤4:创意的诞生。詹姆斯·韦伯·扬认为,如果上述3个步骤创意人都认真踏实、尽心尽力去做了,那么,几乎可以肯定地说,第四步会自然而然地出现,创意会在没有任何先兆的情况下突然之间灵光闪现。换言之,创意往往是在竭尽心力、停止有意识地思考后,经过一段停止搜寻的休息与放松后出现。

步骤5:修正创意。一个新的构想不一定很成熟、很完善,它通常需要经过加工或改造才能适合现实的情况。

 # 1.4　创新精神概述

1.4.1　创新精神的概念

创新精神作为一种奋发向上、积极进取、追求进步、建功立业的精神状态,充分体现了一个民族自强不息的坚定意志,展现了一个社会蓬勃发展的强劲势头。了解创新精神的内涵和特征,有助于我们科学地理解和培养创新精神。

1)创新精神的内涵

创新精神是指要具有能够综合运用已有的知识、信息、技能和方法,提出新方法、新观点的思维能力和进行发明创造、改革、革新的意志、信心、勇气和智慧。创新精神是一个国家和民族发展的不竭动力,也是一个现代人应该具备的素质。创新精神属于科学精神和科学思想范畴,是进行创新活动必须具备的一些心理特征。创新精神包括创新意识、创新兴趣、创新胆量、创新决心,以及相关的思维活动。

创新精神是一种勇于抛弃旧思想、旧事物,创立新思想、新事物的精神。例如,不满足已有认识(掌握的事实、建立的理论、总结的方法),不断追求新知;不满足现有的生活和生产方式、方法、工具、材料、物品,根据实际需要或新的情况不断进行改革和革新;不墨守成规(规则、方法、理论、说法、习惯),敢于打破原有框框,探索新的规律、新的方法;不迷信书本、权威,敢于根据事实和自己的思考,向书本和权威质疑;不盲目效仿别人的想法、说法、做法,不人云亦云,坚持独立思考,说自己的话,走自己的路;不喜欢一般化,追求新颖、独特、异想天开、与众不同;不僵化,不呆板,灵活应用已有的知识和能力解决问题……这些都是创新精神的具体表现。

创新精神是科学精神的一个方面,与其他方面的科学精神不是矛盾的,而是统一的。例如,创新精神以敢于摒弃旧事物、旧思想,创立新事物、新思想为特征。同时,创新精神又要以遵循客观规律为前提。只有当创新精神符合客观需要和客观规律时,才能顺利地转化为创新成果,成为促进自然和社会发展的动力。创新精神提倡新颖、独特,同时又要受到一定的道德观、价值观、审美观的制约。

创新精神提倡独立思考,不人云亦云,并不是不倾听别人的意见,孤芳自赏,固执己见,狂妄自大,而是要团结合作,相互交流,这是当代创新活动不可少的方式。创新精神提倡胆大,不怕犯错误,并不是鼓励犯错误,只是出现错误认知是科学探究过程中不可避免的。创新精神提倡不迷信书本、权威,并不反对学习前人经验,任何创新都是在前人成就的基础上进行的。创新精神提倡大胆质疑,而质疑要有事实和思考的根据,并不是怀疑一切。总之,要用全面、辩证的观点看待创新精神。只有具有创新精神,我们才能在未来的发展中不断开辟新的天地。

2)创新精神的特征

具体来说,创新精神具有以下 3 个特征。

(1)综合性

综合性反映了创新精神内涵的丰富性和结构的多重性。创新精神不是单一的某种创新因素,而是因素的集合,是一个完整的结构。创新精神的综合性表明了创新精神作为素质教育重点的适切性。

(2)关联性

所谓关联性,包含两层意思:一是创新精神的外部关联性,是指创新精神的构成因素与创新活动、创新成果、创新主体最直接相关的因素。创新精神的关联性提供了一种限定,也给研究和实践提供了一种便利。二是创新精神的内部关联性,是指创新精神内部构成因素之间具有密切的相互依存、相互影响、相互促进的关系,在相辅相成的关系中,统一于一体,构成一个整体。

(3)发展性

创新精神不是天生的。虽然,创新精神与生理遗传密切相关,特别是特殊领域的创新,如音乐、美术、运动等,但其实质性的发展,则是后天的。因此,创新精神具有发展性。

经典案例

北大才子"猪肉大王"陈生

在就业压力严峻的形势下,不少大学毕业生抛弃了传统找工作的方式,自己给自己打工,选择适合自己发展的道路。当所有大学生都试着往一个方向走,不妨另辟蹊径。猪肉大王陈生选择了,也做到了。

2007年,北大毕业生陈生放弃公务员职位,毅然决然地做起杀猪行业一事,十分轰动。不到两年时间,陈生已经在广州开设了近100家猪肉连锁店,营业额达到两个亿。卖猪肉致富,陈生的创业经历不仅是一个励志故事,还是一种更宽泛的就业方式。

卖猪肉卖成了千万富翁。2015年,陈生回母校谈创业。陈生站在北大的演讲台上,讲了这样一句话:"演员不仅有漂亮的,还有长得不好看的丑角,我们就是北大的丑角。"不过,现在的陈生并非北大的丑角,而是创业者的偶像。因为,他把猪肉卖出了北大水平。

和陈生一起创业的还有另外一个人:陆步轩。陆步轩说:"我给母校丢了脸、抹了黑,我是反面教材。"事实上,陈生和陆步轩都不是反面教材,这种另类创业的经历让他们的故事成为年轻人创业的典范。

1.4.2 创新精神的基本构成

创新精神是一个综合体,创新精神由多个要素构成,这些要素相辅相成、互相依存、缺一不可。创新精神主要由勇于探索的精神、艰苦奋斗的精神和乐于奉献的精神3部分构成。其中,勇于探索的精神是创新精神的核心,艰苦奋斗的精神是创新精神的保障,乐于奉献的精神是创新精神的依托。

1）勇于探索的精神

勇于探索的精神是创新精神的核心,它可以从以下3个方面来诠释。

（1）强烈的好奇心

好奇心是对客体的选择性态度。具有好奇心,就会很自然地受到未知世界的吸引。具有创新精神的人,往往具有强烈的好奇心、旺盛的求知欲,酷爱探索和钻研。对客观世界有好奇心,才会产生观察事物、解决问题的兴趣,才能有志于探索和思考创新事物。

（2）稳定的兴趣

兴趣是成功的内在起点。当我们对客观世界的某些现象或问题产生浓厚的兴趣时,就喜欢观察和思考它们,从而产生旺盛的求知欲,很想深入了解,追究原因,并做出解答。兴趣还能诱发、增强人的勇气和决心,使我们千方百计地克服困难、排除障碍。

（3）旺盛的求知欲

求知欲是指追求某些现象发生的原因、探究客观事物变化的规律和寻求解决问题的办法的内心欲望。只有具有强烈的求知欲,才能具有不畏困难、坚持探索、不达目的誓不罢休的雄心和勇气,最终取得成功。求知欲是个体进行创新活动的开端,是影响个体创新能力的主要因素,也是创新型人才的基本特质。

经典案例

航海业上的壮举

在人类历史上，15世纪末，葡萄牙航海家瓦斯科·达·伽马首次完成从西欧绕过非洲南端直达印度的航行。他的这次航行，开辟了东西方向的海上通道，对世界历史的发展产生了重大的影响。1488年，葡萄牙航海家迪亚士首航发现好望角。1497年7月，瓦斯科·达·伽马率船队开始了惊天地、泣鬼神的航运壮举。瓦斯科·达·伽马的船队在途经莫桑比克后，不久即抵达肯尼亚的马林迪港。据记载，早在1417年，中国明朝著名的航海家郑和曾率船队抵达此港，并在此地留有永久性的纪念标记。瓦斯科·达·伽马在马林迪港内发现了印度来的商船后，乘西南季风，历经23天连续航行，到达印度重镇卡里库特，完成了这次史无前例的远航。

2）艰苦奋斗的精神

艰苦奋斗是一种不畏艰难、勇敢战胜困难的精神。艰苦奋斗的精神要具有足够的自信心和顽强的意志力。

（1）足够的自信心

具备创新精神的人往往相信自己是更有创造性的。没有足够的自信，是很难大胆创新的。信心是胜利的起点，是产生勇气和实现雄心壮志的保证。

（2）顽强的意志力

意志是人们自觉确定目标，并支配行动去克服困难以实现预定目标的心理过程。顽强的意志是不可或缺的创新素质之一。

经典案例

杂交水稻之父——袁隆平

1960年，袁隆平成为湖南省安江农校的一名普通教师，除了教好课，他还有一个任务，就是在农业科研上做出些成绩来，为老乡们培育出高产量的好种子。

袁隆平教过遗传育种、作物栽培等学科，在袁隆平看来，杂种优势是自然界中普遍存在的现象。然而，按照传统经典理论，水稻恰恰没有杂种优势。水稻是一种自花授粉作物，一株水稻只要一开花，雄花自然就会给同株上同时开放的雌蕊柱头授粉。

难道水稻真的不能杂交？袁隆平有些不服气。1960年7月，袁隆平在安江农校实习农场早稻试验田里，偶然发现一株水稻植株与众不同。怀着好奇心，第二年春天，袁隆平把收获的种子播到试验田里。结果表明，这是一株地地道道的天然杂交稻。这令袁隆平欣喜若狂，他当即决定跳出无性杂交学说的束缚，开始水稻的有性杂交试验。

然而，要找到天然雄性不育株却不是一件容易的事。袁隆平一边教学一边继续做试验。1964 年 7 月，袁隆平在稻田里惊喜地找到一株天然雄性不育株，经人工授粉，结出了数百粒第一代雄性不育材料种子。1966 年 2 月，袁隆平第一篇论文《水稻的雄性不孕性》在《科学通报》杂志上发表，首次提出了通过培育雄性不育系、保持系和恢复系的三系法培育杂交稻，以大幅度提高水稻产量。

这一发现震动了整个农业界和科技界。袁隆平不仅思想开明，而且意识超前，袁隆平主张建立起分子育种室，并不遗余力地加强对人才的引进和培养，先后输送多名年轻的科技人员出国深造。

在袁隆平的培养和影响下，无论是在他的研究中心，还是在全国杂交水稻技术攻关协作单位，已经形成了一支梯队结合、协同作战的杂交水稻技术队伍，肩负起将杂交水稻向纵深发展的重任。

3）乐于奉献的精神

创新探索的道路上充满了矛盾和斗争。新理论、新观点、新产品的出现常常会遭到质疑、反对。拥有创新精神的人往往坚持真理，甚至献出了自己的生命。从心理学的角度来看，为真理献身是完善性格品质的最高表现。奉献精神是智力因素与非智力因素的完美结合，反映了对科学的正确认识，对真理的追求，对科学无限的热爱，坚韧不拔的毅力，大无畏的勇敢精神和高度的牺牲精神。在创新的过程中，如同战斗一样，总会有人"负伤"，甚至"牺牲"。只有勇敢地坚持真理，勇于奉献，才能为科学创新做出重大贡献。

经典案例

非洲感染疟疾，同事"以身试药"

逯春明是华立集团青蒿素抗疟药物国际市场的主要负责人。他不仅要在国内和 WHO、商务部等协调公立市场采购渠道，还要经常去非洲协调公司在当地的销售渠道和数百位销售代表。

逯春明回忆，有一年秋天，刚从肯尼亚回到北京的他突然觉得头疼发热，他认为自己感冒了，于是就到某大医院去看病。"大夫和我聊了几句，就让我去验血。大夫拿着验血报告，看了一阵，让我先坐一下，然后就出了诊室。我心里一咯噔。过了一会儿，大夫带了 10 多个更年轻的大夫就进来了，一群人把我围在中间，我心里更打鼓了，莫非……难道……"

正当他惊魂未定的时候，老大夫说话了："大家看啊，这个病人就是典型的疟疾症状。虽然疟疾在中国已经很少见了，但是在非洲……"说着，老大夫还不忘安慰逯春明："你不要紧张，疟疾我们有特效药——青蒿素。因为现在北京难得有疟疾病人了，所以我让我的学生们来现场学习一下，了解一下症状，谢谢你的配合……""服用完青蒿素，过了几天我的病就痊愈了。"逯春明说。

除了逯春明，华立集团为了帮助非洲抗疟，驻当地的代表几乎人人都感染过疟疾，人人都经历过在非洲被抢劫、勒索的困境。但是，为了缓解疟区人民的痛苦，为了中国的青蒿素产业走向世界，他们仍然坚持奋斗在抗疟事业的最前线。

模块 2
开启创新思维

2.1　认知创新思维

2.1.1　创新思维的概念

简而言之,创新思维是指对事物间的联系进行前所未有的思考,从而创造出新事物的思维方法。创新思维是一切具有崭新内容的思维形式的总和。科学家们的新发现,科技人员的技术革新和发明,社会改革家的新设想、新计划,普通劳动者的创造性活动,艺术家的创作,甚至学生通过独立思考解决难题的活动都是创新思维的具体体现。总之,凡是能想出新点子、创造出新事物、发现新思路的思维都属于创新思维。

案例讲坛

画骆驼

一位画师为了考察4个学生,要求每个学生在一张相同大小的白纸上用最少的笔墨表现出最多的骆驼。第一个学生想,把骆驼画得越小,数目就越多,于是便用很细的笔在纸上密密麻麻地画满了一只只骆驼。第二个学生想,每只骆驼只需要画一个脑袋便可表示,于是他在同样大小的纸上画满了骆驼脑袋。第三个学生则把骆驼的脑袋缩小为一个外形相似的小点,这样画出的骆驼自然比前面两位多出不少。第四个学生则与前三个学生完全不同,他先画了一只骆驼在山谷口往外走,然后画了一只从山谷口只露出一个脑袋和半截脖子的骆驼。结果,第四个学生的画获得了好评。

思考:从思维的角度来说,第四位学生是如何运用创新思维的?

在这个例子中,前三个学生尽管动了不少脑子,但由于他们运用的思路都是传统的,因此只画出了有限的骆驼。第四个学生运用了丰富的想象力,在一张纸上画出了无数只骆驼,他运用的这种思维就是创新思维。

2.1.2　创新思维的常见类型

1)发散思维

发散思维是大脑在思考时呈现的一种扩散状态的思维模式。发散思维表现为思维视野广阔,思维呈现出多维发散状,发散思维也叫辐射思维、扩散思维、求异思维、多向思维等。发散思维是一种非逻辑思维、跳跃式思维,发散思维是指人们在进行创新活动或解决问题的思考过程中,从一个已有的问题或信息出发,无拘无束地将思路由思维原点向四面八方展开,充分发挥想象力,经不同途径以不同的视角去探索,重组眼前和记忆中的信息,产生新信息,从而获得众多的解题设想、方案和办法,使问题得到圆满解决的思维过程。不少心理学家认为,发散思维是创新思维最主要的类型,也是测定一个人创新能力的主要标志之一。

🎙 案例讲坛

突破传统的发散思维

老师问同学:"树上有 10 只鸟,开枪打死 1 只,还剩几只?"

这是一个传统的脑筋急转弯题目,不够聪明的人会老老实实地回答:"还剩 9 只。"聪明的人会回答:"1 只不剩。"但是,有个孩子却是这样反应的。

他问:"是无声手枪吗?"

"不是。"

"枪声有多大?"

"80 分贝至 100 分贝。"

"那就是会震得耳朵疼?"

"是。"

"在这个城市里打鸟犯不犯法?"

"不犯法。"

"您确定那只鸟真的被打死啦?"

"确定。"老师已经不耐烦了,"拜托,你告诉我还剩几只就行了,OK?"

"OK,树上的鸟有没有聋了的?"

"没有。"

"有没有关在笼子里的?"

"没有。"

"边上还有没有其他的树,树上还有没有其他的鸟?"

"没有。"

"有没有残疾的鸟或饿得飞不动的鸟?"

"没有。"

"算不算鸟肚子里的鸟蛋?"

"不算。"

"打鸟的人眼睛有没有花? 保证是 10 只?"

"没有花,就是 10 只。"

老师已经满头大汗,但那个孩子还在继续问:"有没有傻得不怕死的?"

"都怕死。"

"会不会一枪打死两只？"

"不会。"

"所有的鸟都可以自由活动吗？有没有鸟巢？里边有没有不会飞的小鸟？"

"没有鸟巢，所有的鸟都可以自由活动。"

"如果您的回答没有骗人"，学生满怀信心地说，"打死的鸟要是挂在树上没掉下来，那么就剩1只，如果掉下来，就1只不剩。"

2）收敛思维

收敛思维又称聚敛思维、集中思维、求同思维、复合思维，也是创新思维的一种形式。收敛思维与发散思维不同，发散思维是为了解决某个问题，从已有问题出发，思考的方法、途径越多越好，总是追求更多的办法。而收敛思维也是为了解决某一问题，但是，在解决问题时，收敛思维和发散思维相反，思维主体总是尽可能地利用众多的现象、线索、信息、方法和途径，把众多的信息和解题的可能性逐步引导到条理化的逻辑链中去，向着问题的一个方向思考，根据已有的经验、知识或发散思维中针对问题的最好办法得出最好的结论和解决问题的方法，即从已知信息中产生逻辑结论，从现成的资料中寻求正确答案，思维方向是从四面八方指向思维目标。

3）想象思维

奥斯本曾经说过："想象力可能成为解决其他任何问题的钥匙。"富兰克林认为："想象在解决创新问题的过程中起着主导作用。"事实和设想本身都是死东西，是想象赋予了它们生命。有了精确的观测和实验作依据，想象便成为科学理论的设计师。科学家只有具备想象能力，才能理解肉眼观察不到的事物是如何发生和怎样作用的，从而构想出解释性的假说。狄德罗说过："想象是一种特质，没有想象，一个人既不可能成为诗人，也不可能成为科学家，也不会成为会思考的人、有理想的人、真正的人。"

4）联想思维

联想思维是通过思路的连接把看似毫不相干的事件（或事项）联系起来，从而达到新成果的思维过程。一般而言，我们把联想思维看成创新思维的重要组成部分，联想思维的成果就是创造性的发现或发明。

🎤 案例讲坛

巧移"钟王"

北京大钟寺的大钟，重46500千克，号称钟王。这是明朝皇帝朱棣为了防止民众造反，派军师姚广孝收集老百姓的各种兵器后铸就的。不知道是什么原因，这口大钟沉到了西直门外万寿寺前面的长河（就是动物园和北京展览馆后面那条河）的河底。100多年后的一天，一个打鱼的老汉发现了河底的这口大钟。清朝皇帝得知此事后，下令将这口钟打捞上来,并挪动到觉生寺(即现在的大钟寺),然后再修建一个大楼来悬挂这口大钟。从河底把大钟打捞上岸虽非易事,但经过一番努力,也总算克服了困难。但是,要把这大钟搬到五六里(1里=500米)以外的觉生寺去,谁也想不出一个可行的办法。钟是夏天捞出来的,到秋天还没有人想出主意。

有一天,参与此事的一个工头和几个工匠在工棚里喝酒。工棚内只有一块长长的石条当桌子用,大伙就围坐在石桌旁。这时天正下雨,从棚顶上漏下来的雨水滴了不少在石桌上。坐在石桌这一头的一个工匠,叫坐在另一头的一个工匠再给他倒一盅酒。酒倒好后,由于手上有水,在传递时没留神把酒盅给弄翻了,引得大伙连声抱怨:"太可惜了!"这时,一个工匠很不耐烦地说:"何必用手传呢!石桌子上有水,是滑的,轻轻一推不就推过去了。"坐在旁边一个平时很少说话的工匠沉思了片刻,然后将石桌子一拍,大叫起来:"有啦!有啦!挪动大钟有办法啦!"他的办法是:从万寿寺到觉生寺,挖一条浅河,放进一二尺深的水,等河里的水结冰后,不用费多大力气便能将大钟从冰上推着走。后来就是采用这个方法将大钟搬到了觉生寺。

工匠思考这个问题时,运用了联想创新的思维方法。虽然大钟不知道比酒盅重多少倍,但是,它们都能在光滑平面上不用多大的力量就能推走。在这一点上,它们遵循着共同的物理规律,有着相同的力学基本原理。因此,两者是有相似之处的,可以运用联想来解决问题。

5)逆向思维

逆向思维也叫求异思维,逆向思维是对司空见惯的、似乎已成定论的事物或观点反过来思考的一种思维方式。敢于"反其道而思之",让思维向对立面的方向发展,从问题的相反面进行探索,树立新思想,创立新形象。人们习惯于沿着事物发展的正方向思考问题,寻求解决办法。其实,对于某些问题,尤其是一些特殊问题,从结论往回推,倒过来思考,从求解回到已知条件,反过去想或许会使问题简单化。

🎤案例讲坛

圆珠笔漏油问题的解决

圆珠笔是匈牙利人拜罗在1938年发明的,由于圆珠笔一直有漏油的缺点,因此未得到广泛应用。为了解决这个问题,人们开始按照常规的思维方式进行思考,即从圆珠笔漏油的原因入手寻求解决问题的办法。漏油的主要原因是笔珠受磨损蹦出,油墨就随之流出,因此,人们首先想到的解决方法就是增强圆珠笔笔珠的耐磨性。按照这个思路,人们在增强圆珠笔笔珠耐磨性的研究上投入了大量的精力,甚至有人想用耐磨性极强的宝石和不锈钢做笔珠。经过反复试验,这种思路又引发了新的问题,由于笔芯头部内侧与笔珠接触的部分被磨损,仍然可以使笔珠蹦出,也能导致油墨流出,漏油的问题还是没有解决。正当人们对漏油问题一筹莫展之时,日本发明家中田藤三郎打破了常规思维,运用逆向思维解决了圆珠笔漏油问题。他认为，不管使用什么材料做笔珠，圆珠笔都会在写到20000多字时开始漏油，那么，解决问题的关键便不是考虑选取什么材料做笔珠，而是控制圆珠笔的油墨量，如果所装的油墨量在漏油前已经用完，不就可以解决漏油的问题了吗？于是，他改变了圆珠笔的油墨量，使所装的油墨量只能写15000字左右，漏油的问题迎刃而解。

6）组合思维

组合思维又称连接思维或合向思维，是指把多项貌似不相关的事物通过想象加以连接，使之变成彼此不可分割的新整体的一种思维方式。

7）右脑思维

科学研究表明，人的创新思维能力和右脑功能有着密切的关系。只有大脑左右半脑功能得到平衡发展，两半脑的活动互相配合，人的创新能力才能得到提高。开发右脑潜能，是培养学生创新思维的一个有效途径。然而，目前的教育方法过多地注重对左脑思维（即抽象思维、语言能力）的研究，而轻视对右脑思维（即非语言思维、形象思维）的研究，这是一个误区。

8）集体思维

集体思维也称群体思维，集体思维是社会思维的形式之一，也是创造性思维的重要途径。我们一听到群体思维，往往会认为是传统意义理解上的那种病态思维：盲目从众。其实，汇聚集体智慧，思维相互碰撞产生的结果远远高于个人智慧，即所谓："三个臭皮匠，顶个诸葛亮。"

2.1.3　创新思维的作用

①创新思维可以不断增加人类知识的总量，不断提高人类认识世界的水平。创新思维因其对象的潜在特征，表明它是向着未知或不完全未知的领域进军，不断扩大人们的认知范围，不断地将未被认识的事物变为可以认识和已经认识的事物。

②创新思维可以不断提高人类的认知能力。创新思维的特征表明，创新思维是一种高超的艺术，创新思维活动和过程中内在的东西是无法模仿的。这种内在的东西就是创造性思维能力。这种能力的获得依赖于人们对历史和现状的深刻了解，依赖于敏锐的观察能力和分析问题的能力，依赖于平时知识的积累和知识面的拓展。而每一次运用创新思维的过程就是一次锻炼思维能力的过程。因为，要想获得对未知世界的认识，人们就要不断地探索前人没有采用过的思维方法，就要独创性地寻求没有先例的办法和途径去正确、有效地观察问题、分析问题和解决问题，从而极大地提高人类认识未知事物的能力。因此，认识能力的提高离不开创新思维。

③创新思维可以为实践开辟新的局面。创新思维的独创性与风险性特征赋予了其敢于探索和创新的精神。在这种精神的支配下，人们不满于现状，不满于已有的知识和经验，总是力图探索客观世界中还没有被认识的本质和规律，并以此为指导，进行开拓性的实践，开

辟出人类实践活动的新领域。相反,如果没有创新思维,人类在已有的知识和经验上坐享其成,那么,人类的实践活动只能停留在原有的水平上,实践活动的领域也非常狭小。

④创新思维是将来人类的主要活动方式和内容。历史上曾经发生过的工业革命没有完全把人从体力劳动中解放出来,世界范围内的新技术革命带来生产的变革,全面的自动化把人从机械劳动和机器中解放出来,从事着控制信息、编制程序的脑力劳动,人工智能技术的推广和应用使人可以把一些简单的、具有一定逻辑规则的思维活动交给人工智能去完成,从而把人从简单的脑力劳动中解放一部分出来。这样,人将有充分的精力把自己的知识、智力用于创新思维活动,把人类的文明推向一个新的高度。

2.2　破除思维障碍与定式

2.2.1　常见的思维障碍

常见的创新思维障碍有很多种,每个人的思维障碍不尽相同。这里介绍一些常见的思维障碍,如盲目从众、屈从习惯、依赖经验、迷信书本、受缚权威、简单刻板、僵化麻木等。

1)盲目从众

从众是指人们长期受日常接触的行为模式、思考模式和解决问题方法模式的影响,习惯性地模仿和参照他人的一种思维定式。从众所表现出来的是一种"趋同"势态,是人们行为盲从的一种反映。

心理学家研究,人类从众心理的形成主要有群体压力、盲从和路径依赖等原因。一方面,思维上的"从众定式",使得个人有一种归属感和安全感,能够消除孤单、恐惧和群体压力等有害心理。另外,以众人之是非为是非,"随大流"也是一种比较保险的处世态度。另一方面,人们一旦选择某种制度,惯性的力量会使这一制度不断"自我强化",形成所谓的"路径依赖"。

每个人或多或少都有从众心理,对一些约定俗成的说法或做法,应保持应有的判断力,既要相信"群众的眼睛是雪亮的",又要相信"真理往往掌握在少数人手中",无论面对"群众"还是面对"少数人",都应该具有独立思考的意识,不盲从,不轻信。任何时候,放弃独立思考,一味跟随大众都很容易走弯路。只会跟在别人屁股后面的人永远成就不了事业,反倒是不盲目从众、坚持独立思考的人能出类拔萃,获得成功。

从众心理,一方面是态度问题——疏于学习,懒于思考;另一方面是能力问题——学识浅薄,认识有限。端正态度、提高能力、开拓进取、锐意创新的人才能保持头脑清醒,脱颖而出,取得骄人的成绩。

🎤 **案例讲坛**

阿施"从众"心理实验

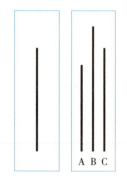

下面有4根线条,一根是标准线条(左图),另外三根:A,B,C是试验线条(右图)。请问哪一根线条与标准线条一样长?

很明显,C线条与标准线条是一样长的。但是,在该试验中,被试验的学生却出现惊人的判断错误(他们都和我们一样,眼睛是正常的)。这是怎么回事呢?

阿施告诉前来参加试验的学生,要做一个关于视觉测试的试验,然后他让被试验的学生坐在一张有7~9个人的桌子旁,每次向他们呈现一组卡片,每组卡片共两张,一张卡片有一根线条,称为标准线条;另一张卡片上有3根不同长度的线条,其中有一根很明显和标准线条的长度相同。所有正常的人都非常容易做出正确的判断。

试验开始,呈现第一组卡片后,被试验的学生依次大声地回答自己的判断,所有人的意见都一致,也都正确,然后再呈现第二组,也是如此。正当这个无聊的测试使被试验的学生感到无聊乏味时,情况发生了变化。

第一位被试验的学生仔细看了看两张卡片上的线条后,郑重地做出了显然错误的答案,接着第二位、第三位、第四位等学生也做出了同样错误的判断。轮到最后一位被试验的学生做判断时,他明显感到左右为难,因为他的眼睛告诉他别人的答案是错误的,他应该选择与标准线条一样的答案,但最终他还是小声地说出了和其他人一样的错误答案。

其实,真正的被试验的学生只有一个,其他的几个学生都是为配合实验而故意安排的"助手"。但在某一些被操纵的试验中,阿施的"助手"被指示要给予一个错误的答案,而阿施则在观察这样的情况会引发受试者怎样的行为。

该试验没有任何奖赏和惩罚的利益动机,被试验的学生可以随意选择答案,但当最后一位被试验的学生做出选择时,面临巨大的心理压力,这样的心理压力来自群体。当绝大多数人都做出同样反应时,个人判断很容易动摇。

被试验的学生的眼睛没有任何问题,实验中没有任何的限制、命令和要求,按理被试验的学生可以做出正确的选择,但令人惊讶的是,被试验的学生宁可不相信自己的眼睛,也要和群体的判断保持一致,某些时候,被试验的学生甚至真的开始怀疑自己的眼睛是否真的有问题。

经过大量的重复实验,其结果令人震惊,即使答案很明显,但在1/3的情况中,被试验的学生会遵从团体的不正确答案,而75%被试验的学生至少遵从一次。当团体不够大时,也会有这样从众的行为;当团体成员有2~10个人,只要有3~4个实验者的助手在其中,就会如同在更大的团体之中一样,有效地产生从众行为。

案例讲坛

不吃香蕉的猴子

科学家将5只猴子放在一个笼子中,并在笼子的中间吊上一串香蕉,只要有猴子伸手去拿香蕉,就用高压水冲所有的猴子,直到没有一只猴子敢动手。试验的下一步是用一只新猴子换出笼子的一只猴子,新来的猴子不知这里的"规矩",就动手去拿香蕉,结果竟触怒了原来笼子中的4只猴子,于是4只猴子代替人执行惩罚的任务,把新来的猴子暴打一顿,直到它服从这里的规矩为止。试验人员如此不断地将最初经历过高压水惩戒的猴子换出来。最后,笼子中的猴子全是新猴子了,但再也没有一只猴子敢去碰香蕉。

猴子天生爱吃香蕉,可是偶然出现"不许拿香蕉"的制度后,这一违背猴子天性的制度居然自我强化成为它们的第二天性。最初,猴子们不让群体中的任何一只猴子去拿香蕉是合理的,为的是免受"连坐"之苦,但后来条件改变了,人和高压水都不再介入,新猴子在未知原因与背景的情况下,却也遵守着"不许拿香蕉"的规矩,这说明思维定式的可怕与不合理。在很多场合都有上述现象出现,因为"别人都这么做,就不需什么理由来解释""我为什么也这样做"似乎成了一条不言自明的公理,可见思维从众定式的影响之大。

2)屈从习惯

习惯并不总是有害的,对于一些简单的问题和日常生活中的小事,按照习惯思考、行事,可能节省时间,少费脑筋。例如,写字时,是先准备稿纸还是先准备钢笔;早上起来,是先洗脸还是先刷牙,各人有各人的习惯,都无不可。人的思维不仅有惯性,还有惰性,对于比较复杂的问题也企图按习惯解决就可能犯错误。

要想使自己变得聪明起来,进行创新,就必须自觉打破习惯性思维的障碍,主动寻求新的思维方法。习惯是长期重复地做同一动作而逐渐养成的不自觉的活动,而且非常不容易改变。人是习惯的动物,一种行为方式一旦形成了习惯就难以改变。人们常常在一个固定的时间起床、穿衣、刷牙、洗脸,常常沿着熟悉的路径行走,在几家相对固定的餐厅坐在常坐的位置用餐。习惯让人们不必过多思索就能舒适地生活,但习惯了的东西未必是最佳选择。也许,可以将起床的时间安排得更合理;也许,还有一条更便捷的道路;也许,有其他的餐厅更适合自己,但是习惯会让人们不由自主地重复上一次的选择。屈从习惯,即对上一次选择不加分析、不加思考地简单重复,最后,导致无法克服习惯的束缚,只能屈从。屈从习惯的特征是:对问题的思考总按照第一次思考的方向和次序进行,无法做出新的选择。对一个立志创新的人来说,应摆脱习惯的约束,进一步优化自己做事的方式方法,充分发挥主观能动性。

案例讲坛

公安局局长是什么人

公安局局长在茶馆里与一位老人下棋，正下得难分难解时，突然跑来一个小孩着急地对公安局局长说："你爸和我爸吵起来了！""这孩子是你什么人？"老人问。公安局局长答道："是我的儿子。"请问这两位吵架的人与公安局局长是什么关系？这个问题的答案是公安局局长是女的，吵架的一方是她丈夫，即小孩的父亲；另一方是她父亲，即小孩的外公。

用这道题对100人进行测验，结果只有两人答对。而对一个三口之家进行测验，结果父母猜了半天都拿不准，倒是他们的儿子（小学生）答对了。这就是人们的习惯在作怪，人们习惯把公安局局长与男性联系在一起，更何况还有茶馆、老人等各种因素在暗示、影响、支持、强化这种思维定式。而小学生因为经历少，经验也少，就容易跳出定式的思维"魔圈"。

3）依赖经验

经验可以指经历、体验，也泛指由实践得来的知识或技能，有时也指由历史证明了的结论。在通常的情况下，经验是指感觉经验，即感性认识，是人们在实践过程中，通过自己的肉体感官直接接触客观外界而获得的，是对各种事物的表面现象的初步认识。

人类的经验来自生活、工作的实践。从幼儿到成年，人们看到、听到、感受到各种各样的现象和事件，都进入头脑形成了众多的经验。一般情况下，经验是人们处理常见问题的好帮手。只要具有某一方面的经验，在应对这方面的问题时就能得心应手。特别是从事一些技术和管理方面的工作，一定要有丰富的经验。老司机比新司机能更好地应对各种情况，老会计比新会计能更熟练地处理复杂的账目。正因为如此，在有些企业的招聘广告上才会出现"限3年以上实际工作经验"之类的条件。

而从思维的角度来说，因为经验具有很强的狭隘性，所以会束缚思维的广度。这种狭隘性主要表现在3个方面：一是经验具有时间与空间上的局限性，也就是说，此地的经验不一定适用于彼地，国外的经验也不一定适用于中国；二是主体对经验使用量的有限性，也就是说，一个人的经历是有限的，不可能成为"百事通""千事通"；三是即使经验的丰富，也可能失灵，事物总是在不断发展的，"老革命也会遇到新问题"，如果仍然用以前的经验处理，不可避免会产生偏差和失误。生活中，人们都希望自己具有丰富的经验，可以从容应对各种变化。但是，经验只是人们在实践活动中取得的感性认识的初步概括和总结，并没有充分反映事物发展的本质和规律，具有较大的偶然性。有些经验貌似根据和理由充分，实际上比较片面；有些经验只适用于某一范围、某一时期，在另一范围、另一时期则并不适用。由于经验受到许多外部条件的影响，无论是个人的经验，还是集体的经验，一般都不可避免地具有只适合某些场合和时间的局限性，因此，不要让过去的经验成为创新思维的绊脚石。

案例讲坛

塔有多高

一群游客来到欧洲一座历史悠久的古城，其中三位游客（一位科学家、一位工程师和一位艺术家）因为一座古老教堂的高度发生了争执。一位经营仪表销售的老板对此产生了兴趣，心想，这也许是宣传产品的机会。他拿出三只气压表，送给每人一只，并声称谁测得的高度最准确，他愿意付出一笔奖金。三人为此也都跃跃欲试。科学家先在教堂底部测了一下气压，又测量了教堂楼顶的气压，利用这两个气压差计算出了教堂塔楼的高度。工程师对此不屑一顾，也拿着气压表登上了塔顶，他把气压表平稳地从手中扔了下去，并同时注意记录落地时间，利用自由落体的运动时间，计算出了塔楼的高度。最后，轮到艺术家，人们只见他走进教堂，但很快就出来了。令人们惊奇的是，艺术家的数据是最准确的。人们大惑不解，在老板的询问下，艺术家告诉他自己把气压计送给了教堂守门人，请守门人告诉他塔楼的高度。

案例分析

这个故事的真实与否暂且不论，这个故事生动地反映了现实中某些实际情况。当人们遇到事情时，总是从职业的角度或熟知的经验中寻找办法，而外行人就不得不"另辟蹊径"，从全新角度选择有效的办法。因此，经验的运用要"因时因地"而行，特别是面对新事物，要学会变通，不能形成定式。

4）迷信书本

高尔基说过，书籍是人类进步的阶梯。书对于人类文明的传承、知识的传播起着巨大的作用。很多时候，书就是知识的代名词。书本知识给人们带来好处，但同时也会带来一些麻烦。其原因在于书本知识与客观现实之间存在差距。书本知识是经过思维加工（选取、抽象、截取等）之后形成的一般性的东西，表示的是一种理性状态而不是直观状态，于是就出现了理想状况与实际状况的差异。

大家都知道历史上著名的"长平之战"，讲的是战国时期的一次战役。话说赵国有位名将叫赵奢，赵奢有个儿子叫赵括。赵括从小熟读兵书，谈起用兵之道滔滔不绝，连他的父亲也答不出来。后来，秦国进攻赵国，两军在长平对阵数年。赵王因听信流言，撤回廉颇，任用赵括为大将，结果，秦军偷袭赵营，截断粮道，赵军40万人马被围歼，赵括也遭乱箭射死。成语"纸上谈兵"由此而来。赵括沦为千古笑柄与历代反面典型，说明了"生搬硬套""死读书"的严重后果。白纸黑字的兵书，与刀光剑影的战场并不是同一回事，任凭你"读书破万卷"，不见得"做事如有神"，弄得不好，读书越多反而创新能力越差。这就是书本世界与现实世界的差距。

许多人认为，一个人学习书本知识多了必然会有很强的创新能力。还有人认为，书本上写的都是正确的，遇到难题先查书，如果自己发现的情况与书本上不一样，那就是自己错了。

在这种认识的指导下,有的人书上没有提到的事情不敢做,书上说不能做的事更不敢做,对读书比自己多的人说的话百分之百相信,一点也不敢怀疑。这种对于书本的迷信,阻碍了人们纠正前人的失误,阻碍了人们探索新的领域。这种由于对书本知识的过分相信而不能突破和创新的思维方式,就是迷信书本。运用知识思考的关键不仅在于"知"更在于"行",在于"知行合一"。知识就是力量,合理运用的知识才是真正的力量。只有把知识正确地运用到社会、生活实践中,才能产生力量,才能产生价值与积极的影响。

 案例讲坛

盖伦与大腿骨

罗马时代伟大的医学家盖伦,一生写作 256 本书。在长达 1000 多年的时间里,医学家和生物学家们一直都把他的著作奉为至高无上的经典。在盖伦的著作中,说人的大腿骨是弯的,人们也就一直相信人的大腿骨是弯的。后来,有人通过解剖,发现人的大腿骨并不是弯的,而是直的。按理说,这时就应该纠正盖伦的书中的错误,还事物以本来面目了。可是,因为人们太崇拜盖伦了,仍然深信他书上说的不会错。但又明显与事实不符,这该如何解释呢? 于是,人们找到了一种说法来掩盖这种迷信:因为在盖伦那个时代,人们都穿长袍,不穿裤子,人的弯曲的大腿骨得不到矫正,所以就是弯的。后来,人们开始穿裤子,不再穿长袍,长期穿裤子,人的大腿骨才逐渐变直了。如此可笑的解释,人们竟然都会相信。由此可以看出,一般人对盖伦的书已经到了盲目崇拜和迷信的程度。

5)受缚权威

有人群的地方总会有权威,权威是任何时代、任何社会都实际存在的现象。人们对权威普遍怀有尊崇之情,这本来是可以理解的。然而,这种尊崇常常演变成神话和迷信。在思维领域内,不少人习惯引证权威的观点,不假思索地以权威的是非为是非,一旦发现与权威相违背的观点或理论,便想当然地认为其必错无疑,并大肆讨伐。这就是思维的障碍之一。

生活中,由于普通专业知识的缺失,专家以前的意见是正确的,是超过别人的,那么,专家今后的意见正确性也不容置疑。多数情况下,人们按照专家的意见办事,能获得预想中的成功;如果违反了专家的意见,会招致或大或小的失败。久而久之,人们便习惯了以专家的意见作为标准答案。在思维模式上,也就形成了一道难以逾越的思维屏障。

人们之所以把在某些专业领域有所建树的专家、学者等称为这些方面的权威,是因为权威把更多的时间投入某些专业领域,所以对于其研究的专业领域内的东西,会比普通人了解得更多。当人们进入一个新的专业领域时,会非常重视本领域权威人士的见解,这对于更好地了解这一领域和进一步深入该领域,有着非常重要的作用。因此,这些权威的观点很容易影响人们对本领域内问题的客观判断。古语云:"人非圣贤,孰能无过。"即便是本领域的权威观点,也可能有错误之处。当普通的自行车工人莱特兄弟发明飞机时,许多有名的物理学家提出了否定的意见,甚至宣称,让密度比空气大的机械装置在空气中飞起来是不可能的事

情。然而，莱特兄弟不迷信权威，经过多次实验，终于使世界上第一架飞机飞上了蓝天。"不识庐山真面目，只缘身在此山中。"有时候，太过深入具体问题，可能就会忽略宏观上的把握。专家学者束手无策、外行一语道破天机的情况也是经常出现的。对待问题，应客观公正地分析研究，不能简单认为凡是权威的观点就完全正确、绝对可信，不能盲目崇拜、盲目迷信权威。在创新思维过程中，需要具体分析。

案例讲坛

巴斯德挽救法国养蚕业

法国大名鼎鼎的昆虫学家法布尔关于昆虫的科普作品曾受到鲁迅先生的推崇，也受到青少年读者的喜爱。有一年，法国的养蚕业出现了一场可怕的危机，就是蚕快要结茧时，身上长出了一粒一粒的小斑点，然后就一批一批地死去。法国政府连忙请来许多专家商量对策，其中，自然少不了号称昆虫学权威的法布尔先生。这些专家想了许多办法，都没有效果。无奈之下，人们又请来了化学家巴斯德。巴斯德对昆虫可以说是一窍不通，他虚心地向法布尔请教，结果不得要领。巴斯德没有灰心，通过对病蚕蛾的仔细观察，他认为，这次蚕的瘟疫很可能与蚕身上的小斑点有关，他把病蚕蛾和健康的蚕分成两组，分别加水研磨，放在显微镜下观察，发现病蚕表皮和内部组织里有一种椭圆形的细菌，蚕的瘟疫正是这种传染性的细菌引起的。巴斯德提出，必须在蚕蛾产卵的阶段就采取措施。于是，巴斯德组织人员把有菌的蚕卵都烧掉，把没有细菌的卵留下来，作为蚕种。蚕农们在巴斯德的指导下，用了 6 年时间，终于消灭了蚕的瘟疫，挽救了法国的养蚕业和丝绸业。法布尔看到巴斯德的成功大为震惊，同时，也对这位昆虫学的门外汉竟然完成这一创举表示钦佩。法布尔说："看来，开始时对某个问题一无所知，是解决这一问题的理想起点。"

6）简单刻板

所谓刻板，是指呆板、机械、缺乏变化。简单刻板就是在思考的过程中不懂变通，思路单一。人们在解决简单的问题时，刻板思维通常能发挥作用。但当问题稍微复杂时，刻板思维不仅无济于事还可能导致错误。"刻舟求剑"的故事便深刻地阐述了这个道理。

案例讲坛

李比希提高柏林蓝质量

有一次，德国化学家李比希到生产柏林蓝的化工厂参观。进入车间后，李比希发现，工人们围着一口巨大的铁锅，用铁棒贴着锅底拼命地搅拌着，铁棒与锅底相互摩擦发出极大的噪声。

李比希感到奇怪，他知道，生产柏林蓝的过程中只需要轻轻搅拌，不粘锅底就行了。李比希弄不懂为什么这些工人要这样用力。通过访问，工人们告诉李比希："这是一口神奇的大铁锅，搅拌的声响越大，柏林蓝的质量就越好。"李比希更觉得奇怪，声音居然和颜料的生产质量有关，这简直有点荒唐。他决心揭开这个谜底。回家后，李比希一直在思考这个问题，并亲自做了模拟实验。最后，李比希终于找到了原因。原来，用铁棒在铁锅底用力搅拌会磨下一些铁屑，铁屑与化工原料的溶液产生化学反应，因此提高了颜料的生产质量。

基于这个原因，李比希提议化工厂直接在化工原料的溶液中加入一些含铁的化合物，就不必像原先那样用力磨铁锅了，柏林蓝的质量同样会得到保证。李比希不仅揭开了大铁锅之谜，也减轻了工人们的劳动强度。李比希善于发现问题，并用丰富的知识和创新思维方法解决了提高柏林蓝质量的问题。

7）僵化麻木

现实中，由于惰性和僵化麻木的思维，人们经常会错过一些非常有价值的线索。

案例讲坛

埃尔顿发现食物链理论

英国动物学家埃尔顿作为一家公司的顾问到北极考察。埃尔顿无意中从公司的账本里发现收购的北极狐的毛皮总是每4年就会出现一次增长。埃尔顿问了很多当地人和本公司的员工，他们都不以为然，认为北极狐时少时多属于自然现象，没有什么可奇怪的。埃尔顿没有轻易放过这个奇怪现象，他认真调查研究，结果发现了原因。原来，北极狐的主要食物是旅鼠。旅鼠繁殖能力很强，到了繁殖后的第4年，它们的食物就会严重匮乏。这时旅鼠饥饿难耐，烦躁不安，于是，它们开始大规模迁徙。它们迁徙时，几万只，几十万只，甚至几百万只旅鼠一起行动，就像大规模的集体旅游一样（因此被称为旅鼠）。由于饥饿至极，它们穿过原野、越过山脉，到了海边也不停止前进。最后，全部葬身海底。这就导致北极狐的数量也会发生4年1次的周期性变化。埃尔顿1924年发表了这一项研究成果，引起了科学界的普遍关注。在此基础上，经过深入研究，埃尔顿又提出了动物界的食物链理论，并于1927年创立了动物生态学。

创新者害怕见怪不怪的态度，如果失去了好奇心，就很难发现问题，也就谈不上解决问题了。好奇心是创新意识的诱发剂，也是创新精神和创新勇气的推动器。要做到在生活、学习和工作中善于创新，取得出色的成绩，对遇到的一切奇特、怪异的现象和那些虽然不奇特、不怪异，但往往被一般人忽略的、蕴藏着重要探索价值的寻常现象，都应当以一种强烈的创新意识看待。应避免对那些本应积极加以探索的现象见怪不怪、漠然视之，以致错过重要发现、发明的时机，警惕和克服僵化、麻木、迟钝的思想情绪。

2.2.2　突破思维障碍的策略和方法

思维障碍抑制着创新思维,创新思维难以形成和完善。要使创新思维更灵活,就应该突破思维障碍,突破思维障碍的关键是拓宽思维视角。思维的切入点,又叫思维视角,对同一事物以不同的切入点进行思考,其结果是大相径庭的。只有以新的视角进行思考,才能得到独特的结果。

1）改变思考顺序

人们在思考问题时,常常习惯于顺着想。顺着想能较为方便地找到问题的切入点,顺着想的确能解决一些简单问题。但客观事物的发展是千变万化的,凡事都顺着想,未必能真实地反映事物的客观规律。

一个立志创新的人,一定要深刻认识顺着想的局限性,改变万事顺着想的惰性,不妨从事物的对立面多加考虑,也就是所说的逆向思维。逆向思维是客观世界的对立统一在思想领域中的表现。逆向思维是一种辩证思维,很多时候感觉"山重水复疑无路",而逆向思维能将人们带入"柳暗花明又一村"的境界。

🎙案例讲坛

晴天和雨天

有一位老太太有两个儿子,大儿子靠卖雨伞为生,小儿子靠卖布鞋为生。老太太整天闷闷不乐,于是就有人问她原因。老太太说:"我是在和老天爷生气呢! 晴天,我大儿子的雨伞卖不出去,就没钱生活了。雨天,我小儿子的布鞋又卖不出去。老天对我真是不公平呀!"老太太终于因为心情不好病倒了,街坊邻居请来了村里的老夫子。老夫子告诉老太太:"原来,你晴天想到的是大儿子,雨天想到的是小儿子,因此你天天不高兴。如今你倒着想,晴天先想小儿子布鞋生意红火,雨天再想大儿子的雨伞卖得很多。这样你就不应该闷闷不乐,而应该天天高兴。"

老夫子的这种做法蕴含着丰富的逆向思维,为了不让老太太生病,让她颠倒思考的顺序。从那以后,老太太每一天都是开开心心的。

2）转化思维方式

哲学的基本原理告诉我们,世界万物是普遍联系的。这些相互联系的事物是可以转化的。"塞翁失马,焉知非福"的寓言言简意赅地说明了这一普遍原理。创新中的转化更多指的是思维方式的转化:将直接转化为间接,将复杂转化为简单,将不可能转化为可能。

（1）将直接转化为间接

世上笔直的路不多,反倒是有很多弯弯曲曲的路能将人们带到目的地。世间万物同一理,解决问题的方法也是这样。一些无法直接解决的问题,通过间接方法可能得到圆满解决。

 **案例讲坛**

无药胜有药

元代时,有一名秀才,其妻暴病而亡,他思之甚切,忧郁成疾,多方求医,也没有痊愈。后来经人介绍,求医于名医朱丹溪门下。朱丹溪稍作了解,即对秀才说:"你有身孕了。"秀才愕然,再问之。朱丹溪仍说:"你有身孕了,多保重。"秀才爆笑,想不到众所公认的名医居然昏庸至极,不辨男女。他逢人便讲,一讲即笑。两月之后病竟然痊愈。

名医朱丹溪巧妙地转化了治疗方式,以"无药"胜"有药"。

(2)化复杂为简单

要提高将复杂问题转化为简单问题的能力,简单是所有繁杂事物的本质,是一种智慧,是一种源于逻辑思维又高于逻辑思维的形态。

 **案例讲坛**

巧解管子

改革开放初期,某厂以低廉的价格从国外进口了一批设备。设备进来之后,才发现没有配套的图纸。更为麻烦的是,这种设备由上百根管子组成,要安装必须搞清楚哪两根管子是一组,大家对这个问题一筹莫展。最后,一位老工人解决了这个问题。他让人先在一个管口做上标记,然后向这个管口吹烟。出烟的另一个口一定和这个口是一组。按照这个方法,很快解决了问题。

老工人之所以很快找到了解决问题的方法,是因为他拨开问题复杂的外表抓住了问题的本质。在大多数情况下,问题的本质是简单的。

(3)化不可能为可能

天下之事分可为与不可为两种。不可为分两种情况,一种是由于当事人方式、方法不当难以办到;另一种是由于历史和社会条件的局限性难以办到。虽然,对于后者,我们无能为力,但是,对那些由于方式、方法不当而难办的事,我们应拓宽思路,改变方法,力争将其转化为可能。

案例讲坛

瓷罐的个数

古时候,曾经发生过这样一件事:一位农民走路时不小心碰翻了一个卖瓷罐子的货架,致使所有瓷罐子落地摔碎,摊主要求农民赔偿。农民说瓷罐只有 50 多个,而卖瓷罐子的说有 200 多个。两人争执起来,因无法确定有多少个瓷罐子,两人越吵越凶,最终惊动了县官。县官问清原委,让人找来一个一样的瓷罐子称其重量,再将地下的瓷罐子称出总重量,从而推算出瓷罐子的个数。这个县官转化了思路,将不可能转化为可能。

3）拓展思维视角

人的思维活动不仅有方向,有次序,还有起点。在起点上,就有切入的角度。实际上,对于创造活动来说,起点和切入的角度非常重要。思维开始时切入的角度,叫作思维视角。思维障碍是妨碍我们创造性思维的拦路虎,而突破思维障碍的办法之一就是扩展思维视角。从古至今,大多数人对问题的思考,都是按照常情、常理、常规去想的,或是按照事物发生的时间、空间顺序去想。这就是所谓的万事顺着想。万事顺着想容易找到切入点,解决问题的效率比较高,大家都是这样想的。但是,在相互竞争的情况下,很难出奇制胜。更重要的是,客观事物本身不是那么简单的,而是复杂的、千变万化的,需要我们拓展思维视角。

（1）变顺着想为倒着想

在顺着想不能很好解决问题时,倒着想是一种新的选择。

案例讲坛

不一样的致富路

日本兵库县有一个小村子叫丹波村,丹波村是一个贫穷落后的地方。当日本普遍富裕起来时,丹波村依然贫困。丹波村交通十分不便,既不通公路,又不通铁路。村子里的人看见其他地方都富起来了,大家不甘心,也决心要富起来。但是,这里什么出产都谈不上,怎么富呢? 想来想去,谁也想不出办法。后来,他们派人去东京请来一位名叫井坂弘毅的专家。井坂弘毅了解了这个村子的情况以后也感到很棘手:要想富起来,总得出售一些产品同别人交换才行,只有卖得多,才可能赚得多。怎么可能什么都不出售就富起来呢? 井坂弘毅顺着这一思路想,也想不出办法。后来,他倒过来想:既然只有"贫穷落后",那就出售"贫穷落后"。既然这个村子"一无所有",那就出售它的"一无所有"。井坂弘毅向村民们建议:唯一的一条致富之路就是出售"贫穷落后",出售"一无所有"。大家莫名其妙。接着,井坂又进一步解释:"要出售贫穷落后,那么就还得再贫穷落后一些。从现在起,那么就不要再住在房子里了,要住到树上去;不要再穿布做的衣服了,要披树叶、兽皮。要像几千年前我们的老祖宗那样生活,这样城里的人就会来参观、旅游,你们不就可以富起来了吗?"村民们最初听了觉得太荒唐,甚至觉得是对他们的侮辱。可是,后来一想,既然一无所有,又想富起来,也就只好采取这个办法试试了。村民们照办后,消息传到各个城市,很快就吸引了大批的旅游者。这些旅游者住在大树上,披树叶,穿兽皮,吃野菜,喝泉水,在小溪边洗脸、洗脚,晚上不仅能听到风声、雨声,还能听到各种野兽的怪叫声。旅游者们觉得太新奇、太有趣了,于是,来这里旅游的人越来越多。

(2)从事物的对立面着想

遇到问题时,可以直接跳到事物中矛盾一方的对立面去想,因为对立的双方既对立又统一,改变这一方不行,改变另一方有可能有助于问题的解决。

🎙 案例讲坛

巧拔鱼钩

在宋代,潭州城发生过这样一件事:财主魏家的一个小孩,有一次看见几个小伙伴用鱼钩引钓小鸡取乐,他也学着像小鸡那样用嘴去衔鱼钩。一不小心,鱼钩正好卡在他的喉咙里。几位郎中看后都表示束手无策。后来,请来一位姓莫的老人。老人要了一个蚕茧、一串佛珠,先将蚕茧剪下一块搓软涂了油,又在蚕茧上开了个小孔,把残留在小孩嘴外的钩线穿了进去。然后,他叫魏家小孩张开嘴,将蚕茧推入小孩的喉中。接着,他又在钩线上穿了佛珠,一边穿一边叫小孩往下咽。当小孩咽下了十几颗佛珠后,他便用力把穿的佛珠在小孩的喉咙里抵紧。这样,穿起来的佛珠变成了一根"硬棒"。他向下使劲推这根"硬棒",最下面的那颗佛珠便被鱼钩钩住。然后,他再将钩线往上提,由于搓软了的蚕茧已经包住了鱼钩的钩尖,鱼钩并未对小孩的喉咙造成伤害便被顺利地拉了出来。众人见了,莫不惊叹。通常,要从喉咙里取出鱼钩,一般人都会认为理应"向上拔"。而鱼钩在喉咙里被卡住了,向上拔势必刺伤喉咙。姓莫的老人却与众不同,他从事物的对立面出发去想,将"向上拔"倒过来改为"往下按",用搓软的蚕茧包住鱼钩的钩尖改变了以上条件,先向下按,再往上提,就不会刺伤喉咙了。

4)进行换位思考

改变思考者自己的位置,从另外的角度看问题,这就是换位思考或易位思考。如果你思考的是社会问题,你可以把自己换到他人的位置上,特别是换到考察对象的位置上。如果你研究的是科学技术问题,你可以更换到观察的位置,从前、后、左、右、上、下等各个方向去分析。

案例讲坛

如此种树

日本有一家叫有元光饭店的旅馆,当它的规模日渐扩大后,旅客们缺乏活动空间成为一个突出问题。旅馆的后面有一大片荒地,适合种植树木,使它成为一个小树林,供旅客们散步、休息。而这时老板西村在经济上有困难,无力承担这一笔投资。老板西村想出了一个办法:让旅客为旅馆植树,他采取的具体做法是:四处张贴并在报纸上刊登广告:本店后山有一片空地专供旅客种植纪念树。如果您有兴趣,不妨来此种上一棵。本店将派人为您拍照,并竖立木牌,刻上您的大名和种植日期。当您再度光临时,看到您亲手种下的树苗已茁壮成长,枝叶繁茂,您一定会非常高兴。种一棵树,本店只收树苗等成本费××元。没过多久,旅馆后面的荒山便被旅客们所种的绿树覆盖了。来此种植纪念树的多为新婚夫妇,也有纪念结婚××周年的老年夫妻,以及结伴而来的学生。老板西村的这一妙计,不仅使他的旅馆生意越来越好,名声越来越大,还带动了这个旅馆所在地区旅游事业的发展。

2.3　发散思维

2.3.1　发散思维概述

发散思维(Divergent Thinking),又称辐射思维、放射思维、扩散思维或求异思维,是指大脑在思考时呈现的一种扩散状态的思维模式。发散思维表现为思维视野广阔,思维呈现出多维发散状。如"一题多解""一事多写""一物多用"等方式,培养发散思维能力。不少心理学家认为,发散思维是创造性思维最主要的特点,是测定创造力的主要标志之一。发散思维具有以下 4 个特征。

1)流畅性

流畅性就是观念的自由发挥,是指在尽可能短的时间内生成并表达出尽可能多的思维观念,以较快地适应、消化新的思想观念。机智与流畅性密切相关。流畅性反映的是发散思维的速度和数量特征。

2)变通性

变通性是克服人们头脑中某种自己设置的僵化的思维框架,按照某一新的方向思索问题的过程。变通性需要借助横向类比、跨域转化、触类旁通,使发散思维沿着不同的方向扩

散,表现出多样性和多面性。

3）独特性

独特性是指人们在发散思维中做出不同寻常的、异于他人的、新奇的反应能力。独特性是发散思维的本质。独特性体现的是发散思维成果的新颖、独特和稀有的特点,是发散思维的灵魂。因此,独特性更多地代表着发散思维的本质,属于最高层次。

4）多感官性

发散性思维不仅运用了视觉思维和听觉思维,而且充分利用了其他感官接收信息并进行加工。发散思维还与情感有密切关系。如果思考者能够想办法激发兴趣、产生激情,把信息情绪化,赋予信息感情色彩,会提高发散思维的速度与效果。

2.3.2 发散思维的类型

1）功能发散

以某种事物功能为扩散中心,设想这种功能的其他用途。

🎙案例讲坛

回形针的用处

在一次中外学者参加的如何开发创造力的研讨会上,日本一位研究专家村上幸雄应邀出席这次研讨活动,他捧出一把回形针说道:"请各位朋友,动一动脑筋,打破框框,看谁能说出这些回形针的多种用途,看谁想得多而且奇特!"

"回形针可以别相片,可以用来别稿件、讲义。"

"纽扣掉了,可以用回形针临时别起。"

大家七嘴八舌,说了10多分钟。村上幸雄对大家能在不长的时间讲出20多种回形针用途很是称道。人们问:"村上您能讲多少种?"

村上一笑,伸出3个指头。

"30种?"村上摇头。

"300种?"村上点头。

人们惊异,不由佩服其聪慧敏捷的思维。村上紧了紧领带,用幻灯片开始讲解回形针的用途……这时,只见中国一位以"思维魔王"著称的怪才许国泰先生向台上递了一张纸条:"对于回形针的用途,我能说出3000种、30000种!"许国泰走上讲台拿着粉笔,在黑板上写了一行字:回形针用途求解。

许国泰说:"把回形针的总体信息分解成重量、体积、长度、截面、弹性、形状、颜色等10多个要素,再把这些要素与有关的人类实践活动要素进行分析,形成信息反应场。这时,现代思维之光射入了这枚平常的回形针,马上变成了孙悟空手中神奇变幻的金箍棒。

许国泰从容地将回形针不停地组合,推出一系列回形针的新颖用途。比如,将回形针分别做成"1""2""3""4""5""6""7""8""9""0"再做成"＋""－""×""＋"符号,用来进行四则运算。

在音乐上可以创作曲谱;回形针可以做成外文字母,用来进行拼读;回形针可以与硫酸反应生成氢气,回形针是铁元素,分别化合生成的化合物则是成千上万种……

实际上,回形针的用途,近乎无穷! 他在台上讲着,台下一片寂静,与会的人们被这位"思维魔王"深深地吸引着。这种新的发散式思维能够打破原有的思维格局,以一个事物为中心,联系它的原型及其各种变化形式,从各个不同的角度或侧面进行发散性思考,为创造者提供了一种全新的思考方式。

2）材料发散

以制作某种物品的常见材料为基点,设想其他各种可用材料,并对材料的各种专用特性进行研究、改进,达到要求的目标。例如,传统的衣服是用棉做的,还可以用毛、麻、人造纤维等材料。

3）结构发散

结构发散是以某事物的结构为发散点,设想出利用该结构的各种可能性。

🎙案例讲坛

放射性元素的用途

1898 年,居里夫妇发现了放射性元素:镭。自此以后,许多科学家采用他们的方法,发现了一系列放射性元素。后来,有人在用途上动脑筋,使放射性元素从实验室走到工业、农业、医药、科研等领域。现在,放射性元素在育种、消毒、杀菌、治病、食品保鲜等方面都得到了广泛应用。

4）方法发散

方法发散是围绕问题或目标,提出尽可能多的解决办法的思维过程。

🎙案例讲坛

味精瓶的改造

日本有一家工厂生产瓶装味精,质量好,瓶子的内盖上有 4 个孔,顾客使用时,只需要甩几下,很方便,可是销售量一直徘徊不前。后来,一位家庭主妇提了一条建议,厂方采纳后,不费吹灰之力便使销售量提高了近1/4。那位主妇的建议是在味精瓶的内盖上多钻一个孔。通常情况下，顾客放味精时都会大致甩两三下，4个孔时是这样甩，5个孔时也是这样甩，结果在不知不觉中多用了不少。

5）因果发散

例如，"如果没有老鼠，世界会变成什么样"就属于因果发散。

2.3.3　培养发散思维的方法

1）考虑所有因素

尽可能周全地从各个方面思考问题，对问题的探索非常有帮助。

2）预测各种结果

思考问题时，应考虑各种"后果"或最终可能出现的结局，有利于对事物的发展有比较明确的预测，从中寻求最佳的结局。

3）尝试思维跳跃

当解决某个问题遇到困难时，可以采取思维跳跃的方法，即不从正面直接入手，而是另辟蹊径，从侧面突围。

 案例讲坛

毛姆的征婚启事

英国著名作家毛姆的小说有一段时间销售不畅，他便在报纸上刊登了一则征婚启事：本人年轻英俊，家有百万资产，希望获得和毛姆小说中主人公一样的爱情。结果毛姆这一独特的举动使他的小说在短时间内被抢购一空，毛姆在推销他的小说时，就运用了思维的独特性，取得了意想不到的效果。所谓思维的独特性，就是指超越固定的、习惯的认知方式，以新视角、新观点认识事物，提出不为一般人所有的、超乎寻常的新观念。

4）寻求多种方案

思考问题时，可以快速"扫描"事物或问题的各个点、线、面、立体空间，寻求多种方案并进行思考，从而找出全新的思路和方法。

2.3.4　发散思维的实际应用

1）立体思维

思考问题时，跳出点、线、面的限制，立体式进行思维。比如，立体绿化，屋顶花园增加绿化面积,减少占地,改善环境,净化空气;立体农业,玉米地种绿豆,高粱地里种花生等;立体森林,高大乔木下种灌木,灌木下种草,草下种食用菌;立体渔业,网箱养鱼充分利用水面,水体立体开发资源等。

2)旁通思维

旁通思维从与问题相距很远的事物中得到启示,从而解决问题的思维方式。当一个人因为某一问题苦苦思索时,在大脑里形成了一种优势灶,一旦受到其他事物的启发,很容易与这个优势灶产生相联系的反映,从而解决问题。比如,19 世纪末,法国园艺学家莫尼哀从植物的盘根错节想到水泥加固。

3)横向思维

横向思维是相对纵向思维而言的一种思维形式。纵向思维是按逻辑推理的方法直上直下的收敛性思维。而横向思维是指当纵向思维受挫时,从横向寻找问题答案的思维方式。正如时间是一维的,空间是多维的一样,横向思维与纵向思维代表了一维与多维的互补。最早提出横向思维概念的是英国学者德博诺。他创立横向思维概念的目的是针对纵向思维的缺陷提出与之互补的对立的思维方法。

4)组合思维

从某一事物出发,以此为发散点,尽可能多地与另一(或一些)事物联结成具有新价值(或附加价值)的新事物的思维方式。第一次大组合是牛顿组合了开普勒天体运行三定律和伽利略的物体垂直运动与水平运动规律,创造了经典力学,引发了以蒸汽机为标志的技术革命。第二次大组合是麦克斯韦组合了法拉第的电磁感应理论和拉格朗日、哈密尔顿的数学方法,创造了更加完备的电磁理论,引发了以发电机、电动机为标志的技术革命。第三次大组合是狄拉克组合了爱因斯坦的相对论和薛定谔方程,创造了相对量子力学,引发了以原子能技术和电子计算机技术为标志的新技术革命。

2.4　收敛思维

2.4.1　收敛思维概述

收敛思维(Convergent Thinking)又叫聚合思维、求同思维、辐集思维或集中思维,是指在解决问题的过程中,尽可能利用已有的知识和经验,把众多信息和解题的可能性逐步引导到条理化的逻辑序列中去,最终得出一个合乎逻辑规范的结论。收敛思维也是创新思维的一种形式,与发散思维不同,发散思维是为了解决某个问题,从这一问题出发,想的办法、途径越多越好,总是追求还有没有更多的办法。而收敛思维也是为了解决某一问题,在众多的现象、线索、信息中，向着问题一个方向思考，根据已有的经验、知识或发散思维中针对问题的最好办法得出最好的结论和最好的解决办法。一般而言，收敛思维具有以下4个方面的特征。

1）封闭性

如果说发散思维的思考方向是以问题为原点指向四面八方的，具有开放性，那么，收敛思维则是把许多发散思维的结果由四面八方集合起来，选择一个合理的答案，具有封闭性。

2）连续性

发散思维的过程，是从一个设想到另一个设想时，可以没有任何联系，是一种跳跃式的思维方式，具有间断性。收敛思维的进行方式则相反，是一环扣一环的，具有较强的连续性。

3）求实性

一般来说，发散思维产生的众多设想或方案，多数都是不成熟的，也是不切实际的。对发散思维的结果，必须进行筛选，收敛思维就可以起到筛选作用。被选出来的设想或方案是按照实用的标准来决定的，是切实可行的。这样，收敛思维就表现出很强的求实性。

4）聚焦性

聚焦性是围绕问题进行反复思考，有时甚至停顿下来，使原有的思维浓缩、聚拢，形成思维的纵向深度和强大的穿透力，在解决问题的特定指向上思考，积累一定量的努力，最终达到质的飞跃，顺利解决问题。

2.4.2 收敛思维的类型

1）目标确定型

人们平时遇到的大量问题比较明确，很容易找到问题的关键，只要采用适当的方法，问题便能迎刃而解。但有时，一个问题并不是非常明确，很容易让人们产生似是而非的感觉，将人们引入歧途。这种方法要求：首先，要确定正确的搜寻目标，认真观察并做出判断，找出其中关键的现象，围绕目标进行收敛思维。目标的确定越具体，越有效。不要确定那些各方面条件尚不具备的目标，这就要求人们对主客观条件有一个全面、正确、清醒的估计和认识。目标也可以分为近期的、远期的、大的、小的。开始运用时，可以先选小的、近期的目标，熟练后再逐渐扩大。在实际生活中，我们常常遇到选择目标的情况。比如，我们急需一篇计算机打字稿上交，但专职打字员没在，我们可能就用两根手指非常不规范地（用比打字员长的时间）打出来上交了。有的人指责说："你的打字水平太低，太不规范，而且速度慢，应该先去打字班训练。"这里就有目标的问题：前者是为了及时交上打字稿件，不是为了学习打字；后者则是学习了规范打字，可以提高打字的速度和质量。显然，目标不同，处理问题的方法也会不同。

2）求同思维型

如果有一种现象在不同的场合反复出现,而在各场合中只有一个条件是相同的,那么这个条件就是这种现象的原因,寻找这个条件的思维方法就是求同思维法。

3）求异思维型

如果一种现象在第一场合出现,在第二场合不出现,而这两个场合中只有一个条件不同,这一条件就是现象的原因。寻找这一条件,就是求异思维法。

2.4.3　培养收敛思维的方法

1）辏合显同法

辏合显同法就是把所有感知到的对象依据一定的标准"聚合"起来,显示它们的共性和本质。

🎤案例讲坛

徐光启与《除蝗疏》

明朝时,江苏北部曾经出现了可怕的蝗灾。飞蝗一到,整片整片的庄稼被吃掉,人们颗粒无收。徐光启看到人民的疾苦,想到国家的危亡,毅然决定研究治蝗之策。他搜集了 2000 多年来有关蝗灾情况的资料。在这浩如烟海的材料中,他注意到蝗灾发生的时间是有规律的。151 次蝗灾中,发生在农历四月的有 19 次,发生在农历五月的有 12 次,发生在农历六月的有 31 次,发生在农历七月的有 20 次,发生在农历八月的有 12 次,发生在其他月份总共只有 9 次。从而确定了蝗灾发生的时间,大多在夏季炎热时期,以农历六月最多。另外,他从史料中发现,蝗灾大多发生在河北南部,山东西部,河南东部,安徽、江苏两省北部。为什么大多集中在这些地区呢？经过研究,他发现,蝗灾与这些地区湖沼分布较多有关。他把自己的研究成果向百姓宣传,并且向皇帝呈递了《除蝗疏》。徐光启在构思《除蝗疏》的整个思维过程中,运用的思考方法就是"辏合显同法"。

2）层层剥笋法

人们在思考问题时,最初认识的只是问题的表层(表面),也是很肤浅的东西,然后,层层分析,向问题的核心一步一步地逼近,抛弃那些非本质的、繁杂的特征,以便揭示隐藏在事物表面现象内的深层本质。

3）目标确定法

确定搜寻目标(注意目标),进行认真观察,做出判断,找出其中的关键,围绕目标定向思维,目标的确定越具体越有效。

 **案例讲坛**

地下指挥部的暴露

第一次世界大战期间,法国和德国交战,法军的一个旅司令部在前线构筑了一座极其隐蔽的地下指挥部。指挥部的人员深居简出,十分诡秘。不幸的是,他们只注意了人员的隐蔽,而忽略了长官养的一只小猫。德军的侦察人员在观察战场时发现:每天早上八九点,都有一只小猫在法军阵地后方的一座土包上晒太阳。德军依此判断:第一,这只猫不是野猫,野猫白天不会出来,更不会在炮火隆隆的阵地上出没;第二,猫的栖身处就在土包附近,很可能是一个地下指挥部,因为周围没有人家;第三,通过仔细观察,这只猫是相当名贵的波斯品种,在打仗时还有兴趣玩这种猫的不会是普通的军官。至此,他们判定那个掩蔽的地方一定是法军的高级指挥所。随后,德军集中6个炮兵营的火力,对那里实施猛烈袭击。事后查明,他们的判断完全正确,这个法军地下指挥部的人员全部阵亡。

4）聚焦法

聚焦法,就是人们常说的沉思、再思、三思,是指在思考问题时,有意识、有目的地将思维过程停顿下来,并将前后思维领域浓缩和聚拢起来,以便帮助人们更有效地审视和判断某一事件、某一问题或某一片段信息。由于聚焦法带有强制性指令色彩,可以从两个方面运用该方法:其一,可以通过反复训练,培养定向、定点思维的习惯,形成思维的纵向深度和强大的穿透力,犹如用放大镜把太阳光持续聚焦在某一点上,就可以形成高热。其二,经常对某一片段信息、某一件事、某一问题进行有意识的聚焦思维,自然会积淀起对这些信息、事件、问题的强大透视力、溶解力,以便最后顺利解决问题。

 **案例讲坛**

伽利略与钟摆

一天,伽利略参加萨大教堂的集会。牧师滔滔不绝的讲道丝毫没有引起他的兴趣。伽利略的思维焦点指向了大教堂天花板上的一盏吊灯:那盏吊灯在风的吹动下,不停地摆动着。伽利略的思维停顿下来,聚焦在吊灯的摆动上。伽利略聚精会神地注视着,思考着。通过观察,伽利略发现吊灯摆动的振幅虽然慢慢地减小了,但摆动周期还是不变,即摆动周期与振幅有关。之后,伽利略带着这个问题,进一步"聚焦",观察了许许多多用不同材料做成的、不同形状的钟摆,得出了相同的结论。于是,钟摆摆动等时性原理由此"聚焦"出来了。

5）间接注意法

间接注意,就是用一种间接手段寻找"关键"技术或目标,以达到真正的目的。也就是说,要把事物分类,分类的过程导致另一个结果。对被分类的事物进行仔细考察,评估每一种有关的价值,这才是使用间接注意法的真实意图。

2.4.4　收敛思维的实际应用

1）识别目标

在思考问题时,要善于观察问题、发现问题,并从中找出关键的现象,对其加以关注。在第一次世界大战时,各国训练了很多专职人员辨别空中的飞机,要求他们在很远的距离就能判别飞机的型号,现代军队对各种武器装备的识别,也要运用这一"目标识别"方法进行训练,将观察对象的关键特征与头脑中的有关概念相联系。在思维中,使用目标识别法一般是先设计或确定某一思维类型的关键现象、本质、看法等,然后注意这一目标。

2）间接注意

间接注意,就是用一种间接手段寻找"关键"技术或目标,以达到真正的目的。也就是说,要把事物进行分类,分类的过程导致另一个结果。对被分类的事物进行仔细考察,评估每一种有关的价值,这才是使用间接注意法的真实意图。

🎙案例讲坛

农夫分苹果

一个农夫叫懒惰的儿子把一堆苹果分成两种装进两个篓子里。一个篓子装大的,一个篓子装小的。傍晚,农夫回到家里,看见儿子已经把苹果分开装进篓子。而且,鸟啄虫蛀的烂苹果也被挑出来堆在一边了。农夫谢过儿子,夸他干得漂亮。然后他取出一些口袋,把两个篓子里的大小苹果混装在一起。结果,大小苹果被胡乱搅和在一起,并没有分什么大小来分开装。儿子气坏了,他认为父亲在耍花招,想考考他,看看他是否愿意干活。反正父亲是要把苹果混在一起的,干吗又要他把苹果分开呢?这是白费劲呀!农夫告诉儿子,这不是什么花招。原来,他是要儿子检查每一个苹果,把烂苹果扔掉。两个篓子只不过是拐了一个弯的间接手段,他的目的是要儿子非常仔细地检查每一个苹果。如果他不拐个弯,而是直截了当地叫儿子把烂苹果扔掉,那么儿子就不会仔细检查每一个苹果。他就会急忙忙地把苹果翻拣一下,只找出那些一望而知已经坏透了的烂苹果,而不会去检查那些貌似完好其实已经坏了的烂苹果。

2.5 逆向思维

2.5.1 逆向思维概述

逆向思维（Reverse Thinking）也叫求异思维，逆向思维是对司空见惯的似乎已成定论的事物或观点反过来思考的一种思维方式。简单地说，逆向思维是从相反的方向思考问题，探寻解决问题的方向。逆向思维在现实生活中的运用十分广泛，是创造性思维中最重要的思维形式之一。逆向思维强调要从事物的反面或对立面来思考问题。逆向思维与正向思维相对应。正向思维是指人们运用过去的知识和经验，在已有理论的指导下思考问题和解决问题的一种能力或方法。正向思维在人们日常思考和科学研究中起着很大的作用。但是，由于人们受心理倾向、心理定式的影响，在思考问题时，这次采用一种思路、下次采用同一种思路的可能性就很大。在一连串的思路中，一个个观念之间形成了紧密联系，以至于它们的联结很难被破坏，这样，容易使人们形成一种固定的思维模式，即习惯性思路或思维定式。"守株待兔"的千古笑谈就是其中一例。

逆向思维则需要突破这种习惯性思路或思维定式，敢于"反其道而思之"，让思维向对立面的方向发展，从问题的相反面深入地进行探索，树立新思想，创立新形象。当大家都朝着一个固定的思维方向思考问题时，而你却独自朝相反的方向思索，这样的思维方式就叫逆向思维。人们习惯于沿着事物发展的正方向去思考问题并寻求解决办法。其实，对于某些问题，尤其是一些特殊问题，从结论往回推，倒过来思考，从求解回到已知条件，反过去想或许会使问题简单化。逆向思维具有以下3个方面的特征。

1）普遍性

逆向性思维在各种领域、各种活动中都有一定的适用性。由于对立统一规律是普遍适用的，而对立统一的形式又是多种多样的，有一种对立统一的形式，相应地就有一种逆向思维的角度，因此，逆向思维也有无限多种形式。比如，性质上对立两极的转换：软与硬、高与低等；结构、位置上的互换、颠倒：上与下、左与右等；过程上的逆转：气态变液态或液态变气态，电转为磁或磁转为电等。无论哪种方式，只要从一个方面想到与之对立的另一个方面，都是逆向思维。

2）批判性

逆向是与正向比较而言的，正向是指常规的、常识的、公认的或习惯的想法与做法。逆向思维则恰恰相反，是对传统、惯例、常识的反叛，是对常规的挑战。逆向思维能够克服思维定式，破除由经验和习惯造成的僵化的认识模式。

3）新颖性

循规蹈矩的思维以及按传统方式解决问题虽然简单,但容易使思路僵化、刻板,摆脱不掉习惯的束缚,得到的往往是一些司空见惯的答案。其实,任何事物都具有多个方面的属性。由于受过去经验的影响,人们容易看到熟悉的一面,而对另一面却视而不见。逆向思维能克服这一障碍,给人耳目一新的感觉。

2.5.2　逆向思维的类型

在实践中,人们常常采用的逆向思维类型主要有反转型、转换型、缺点型等。

1）反转型

反转型是指从已知事物的相反方向进行思考,产生构思的途径。"事物的相反方方向"常常从事物的功能、结构、因果关系 3 个方面进行反向思维。比如,市场上的出售的无烟煎鱼锅就是把原有煎鱼锅的热源由锅的下面安装到锅的上面。这是利用逆向思维,对结构进行反转型思考的产物。

案例讲坛

发电机的发明

1819 年,丹麦物理学家奥斯特发现了通电导体可使磁针转动的磁效应。1820 年,法国物理学家安培也发现,通电的螺线管具有与磁石相同的作用,即导体通电可以产生磁场。英国物理学家法拉第思考:"为什么不能用磁产生电呢?"于是,法拉第开始做各种各样的实验。经过 9 年的艰苦探索,终于在 1831 年获得了成功——发现了电磁效应,即在磁场中运动的导体可产生电流。由此,研制出世界上第一台发电机,为人类进入电气化现代文明开辟了道路。

案例讲坛

对电烤箱的改造

夏普公司原来生产的电烤箱与平常煮饭的锅一样,锅在火上方,但这样的结构烤出的鱼肉析出油落在电阻丝上,产生了大量油烟,污染环境。技术人员想了不少办法,其中最好的办法就是将其结构反转,把电阻丝放在上面,油烟的困扰就不复存在了。

2）转换型

转换型是指在研究某一个问题时,由于解决该问题的手段受阻,而转换成另一种手段,

或转换思考角度思考,使问题顺利解决的思维方法。

案例讲坛

聪明的小八路

在抗日战争时期,有一次,敌人把一个村庄包围了,不让村里的任何人出去,派了一个伪军在村子通向外界的唯一通道——一座小桥上把守。正巧,村里有一个重要的情报要报告给在村外的八路军领导人,在敌人看守如此严密的情况下,怎样才能把情报顺利、安全地送出去呢? 村里的一个小八路勇敢地担当起这个任务。这个小八路在黄昏时趁着夜色的掩护,悄悄来到小桥旁边的芦苇地躲藏了起来,他认真地观察小桥上发生的一切,他注意到守关卡的敌人打起了瞌睡,凡是由村外来的人,他总是头也不抬就说:"回去,回去,村里不让进!"如此几次,小八路心里有了主意,于是小八路,钻出了芦苇地,悄悄接近并上了小桥,就在敌人抬头发话之前,他突然转身向村里的方向走来,并且故意把脚步声弄得挺大,敌人听到后,还是头也不抬地说,"回去,回去,村里不让进!"结果,小八路顺利过关,安全地把情报送了出去,为部队打胜仗立下了大功。

3)缺点型

这是一种利用事物的缺点,将缺点变为可以利用的东西,化被动为主动,化不利为有利的思维方法。这种方法不以克服事物的缺点为目的,相反,它是将缺点化弊为利,找到解决方法。比如,金属腐蚀是坏事,但人们利用金属腐蚀原理进行金属粉末的生产,或进行电镀等其他用途,无疑是缺点逆用思维法的一种应用。又如,某时装店经理不小心将一条高档裙子烧了一个无法弥补的洞,经理运用逆向思维突发奇想,干脆在小洞的周围又挖了许多小洞,精心修饰成"洞洞裙",打开销路,创造了新的商机。

案例讲坛

对冰箱的改造

冰箱是以制冷形成低温来保存食品等的电器。为保证冰箱正常工作,冰箱背面有一个散热器。那么,冰箱能否既制冷,又产生可利用的热呢? 于是,人们想,如果把散热器当成一个加热器,放入水箱中,不就可以加热出热水了吗? 根据这一思路,美国一位工程师设计了一种新式冰箱,将散热器置于水箱中,果然获得了成功。这种新式冰箱,既能制冷保存食物,又能产生热水,供日常使用。

2.5.3　培养逆向思维的方法

首先,在思维活动中,应通过正视事物矛盾的对立面来把握事物。事物包含对立的两个方面,人们的认识和主观思维必须符合事物的实际,如果只注重一个方面忽视了另一方面,只看到矛盾的正面作用或正效应,忽视了矛盾的反面作用或负效应,就会在实践中碰壁。只有看到事物矛盾的两个方面,才能全面、正确地认识事物,在实践中取得成功。

其次,在思维过程中,通过对事物矛盾的反面进行思考,达到认识事物、表达思想、进行发明创造、实现科学决策的目的。

事物都有正面和反面,相反的方面不仅相互排斥,而且互相联结,具有同一性。认识事物不是只有一个角度,也不是只有两个角度,而是可以从多个侧面、多种不同的角度来进行。各种事物、现象之间既有必然的联系,又有偶然的联系。一种原因可以产生多种结果,在一个主攻方向上屡攻不克时,应研究悖逆以往分析、解决问题的途径,把问题的重点从一个方面转向另一个方面,从而打开一条新的思路。也就是说,当思维在一个方面受阻时,可以从相反的方向试试。反向思考如果不能解决问题,可以再换一个角度,另找其他的侧面。

在社会生活中,从反面思考问题,有时是通过利用人们的逆反心理实现的。逆反心理,即抗拒心理,也叫心理抵抗,是指人们对某种行为、思想或宣传采取方向相反的态度,或仍保持原来的状态。有人认为,逆向思维与逆反心理无关,这种说法是不全面的,因为逆反心理正好为逆向思维提供了社会心理基础。诸葛亮摆“空城计”,正是在一筹莫展之际,充分发挥逆向思维获得成功的。司马懿认为,诸葛亮向来用兵谨慎,不可能设一座空城,想来必有伏兵,赶快撤退。这恰好中了诸葛亮的计策,过后司马懿追悔莫及。

最后,做事情从反面思考,可以弥补只从正面思考的不足。在分析问题、进行决策时,逆向思维的作用不可低估,人们常用“凡事预则立,不预则废”的古训来提醒自己,这里的“预”,也包括把事情反过来想一想。

🎤案例讲坛

推销鞋子

第二次世界大战结束后,有一个英国人和一个美国人同时到一个岛上推销鞋子。他们看到这个岛上的人全都赤着脚,根本不穿鞋。于是,英国人向总部发回电报:“这个岛上的人根本不穿鞋,没有销售市场。”而美国人则相反,报告总部这个岛上目前还没有人穿鞋,极具市场潜力。后来,美国公司免费赠送给这个岛上的居民很多鞋子,并且教会他们如何穿,让岛上的居民逐渐体会到穿鞋子的好处,从而占有了整个鞋业市场,大赚了一笔。

由此可见,在商业竞争中,谁能从反方向思考问题,谁就可能抓住商机。日本丰田汽车公司第一任老板田章一郎说过:“我这个人如果说取得了一点成功的话,是因为我不管对什么问题都倒过来思考,才能不断提出新问题,比别人想得更深、更全面,找出更多的'第二正确答案'。"对一个濒临破产的企业,如果能找出"第二种正确答案",就能起死回生,卷土重来。一位优秀的企业家往往能突破单一的思维定式,找出"第二种正确答案",使企业在竞争中处于不败之地。

总之,运用逆向思维,在优越感中要警惕危机,在危机中又要看到优越的存在;在顺利的环境中要看到逆境的存在,在逆境中再看到顺利的可能;在成功中看到失败的部分,在失败中更要看到成功的基因。富裕和贫乏,团结和分裂,前进和倒退等都是相互渗透、相互依存、相互交融的。

2.5.4 逆向思维的实际应用

逆向思维主要表现为思维逻辑逆推及方向、位置、顺序、优缺点、价值、原理、功能等方面的逆向思考。在具体运用中,表现在以下8个方面。

1)思维逻辑逆推

所谓思维逻辑逆推,就是指从要解决问题的结果出发,从结果推出解决问题的方法。

2)方向逆向

所谓方向逆向,就是通过改变事物的方向来解决问题。我国北宋大臣、史学家司马光在幼年时砸碎水缸救人就是利用方向逆向,从逆方向思考获得成功的典型实例。

🎙 案例讲坛

网球打气

网球与足球、篮球不一样,足球、篮球有打气孔,可以用打气针头充气。网球没有打气孔,漏气后球就软了、瘪了。如何给瘪了的网球充气呢?专业人士首先分析了网球为什么会漏气。我们知道,网球内部气体压强高,外部大气压强低,气体就会从压强高的地方往压强低的地方扩散,也就是从网球内部向外部漏气。最后,网球内外压强一致了,就没有足够的弹性了。如何使网球内的压强增大呢?运用逆向思维,专业人士考虑让气体从球外往球内扩散。应该怎样做呢?可以把软了的网球放进一个钢筒中,往钢筒内打气,使钢筒内气体的压强远远大于网球内部的压强,这时就会从高压钢筒往网球内"漏气"。经过一定的时间,网球就充满气了。

3)位置逆向

所谓位置逆向,就是通过改变事物中组成部分所处的位置来解决问题。例如,日本在修建阪城时,解决从海岛搬运重量巨大的原材料——巨石的办法就是典型性的位置逆向。

案例讲坛

巨石载船

在日本,流传着一个著名的"巨石载船"的故事。日本大正十一年(1522年),丰臣秀吉平定了战乱之后,准备修建大阪城。为了把大阪修建成一座固若金汤的名城,需要很多巨大的石头。经过调查,得知在日本西部的一个海岛上可以得到合格的石块。那里每块石头都有50张席子那么大,搬运很不方便。特别是装船东运时,一装船就要把船沉到水下,试了几次,都不能把这样的巨石运走。就在大家无计可施时,一个人站出来说:"看来用船载石是不可能了,那就用石载船吧!"大家按照他的说法,把巨石捆在船底,使石头完全淹没在水中,而船却有一部分露在水面之上,这样果然顺利地把石头运到了大阪。

为什么这样能使船正常航行呢?水作用于物体的浮力,等于该物体排开的水的重量。石头在船上时,如果石头很重,船排开的水不足以使浮力与总重量达到平衡,船必然沉入水下。而石头在船下时,大体积的石头全部淹没,产生了相当的浮力,而后船体再排开一部分水,又产生一定的浮力,这样,总浮力就可以和总重量平衡了。"巨石载船"的妙计,就是打破传统思路,运用逆向思维的结果。

4)顺序逆向

所谓顺序逆向,就是通过改变事物顺序来解决问题。下面是一个典型的例子。

案例讲坛

反季节养鸭

海南省崖县的农民孙会照,1982年开始养鸭,每只都养到6~7斤(1斤=500克,下同)才出售,结果因鸭大而滞销,顾客嫌一次性花钱太多不想买。孙会照运用逆向思维变大为小,把鸭养到2~4斤就上市,滞销变畅销。通常情况下,人们的思路是鸭养得越大越能赚钱,如果滞销了,只会怪顾客中吃鸭的人少了。而孙会照不仅仔细琢磨了顾客的心理,还运用逆向思维,巧妙地解决了这个问题。

后来,孙会照又从市场供需中得到启示,每年鸭上市,都集中在夏秋两个季节。这时鸭旺价贱,旺季一过,价格回升。孙会照又运用逆向思维,思考能不能反季节养鸭呢?于是,孙会照通过大胆实践,将饲养的鸭在淡季上市,从中获得了较高的效益。目前,在北方比较流行的反季节蔬菜种植也是典型的顺序反向。物以稀为贵,反向经营反而得大利。这就是事物变化的辩证法。

5）优缺点逆向

中国有句古话，叫作"有则改之，无则加勉"。也就是说，有了缺点和错误，一定要想办法改正；即使没有缺点和错误，也要时刻提醒自己，不要犯类似的错误。因此，一提到"缺点"，人们就习惯性地报以否定的态度。没有人喜欢缺点，但是，因为世界上没有十全十美的事物，所以，事物存在缺点在所难免。如果能化解对缺点认识的抵触情绪，想到巧用缺点的办法，不仅能将损失降到最低，还有可能取得意想不到的效果。

案例讲坛

巧用缺陷

詹姆斯·扬是新墨西哥州高原上经营果园的果农。每年，詹姆斯·扬都把成箱的苹果以邮递的方式零售给顾客。有一年冬天，新墨西哥高原下了一场罕见的大冰雹，色彩鲜艳的大苹果被打得疤痕累累，詹姆斯·扬心疼极了。"是冒着会被退货的危险继续销售呢？还是干脆退还顾客的订金呢？"他越想越懊恼，歇斯底里地抓起受伤的苹果拼命地咬。忽然，他发觉这些苹果比以往更甜更脆，汁多味美，但外表的确非常难看。"唉，多矛盾！好吃却不好看。"他辗转反侧，夜不能寐。他忽然产生了一个创意。第二天，他根据构想的方法，把苹果装好箱，并在每个箱子里附了一张纸条，上面写着："这次寄送的苹果，表皮上虽然有点受伤，但请不要介意，那是冰雹的伤痕，这是真正在高原上生产的证据呢！由于高原气温较低，因此苹果的肉质较厚实，而且产生了一种风味独特的果糖。"在好奇心驱使下，顾客迫不及待地拿起苹果，想尝尝味道。"嗯，好极了！高原苹果的味道原来是这样！"顾客们称赞道。

陷入绝望的詹姆斯·扬想出来的创意，不仅挽救了重大的危机，而且产生了大量的订单。追求完美，是人之常情。对于事物的缺陷，是否就该一概排斥呢？詹姆斯·扬的成功给了我们一个特别的启示：巧用缺陷也是一种能够帮助成功的好方法。优缺点逆向，也称缺点逆用、巧用缺陷，其目的是化弊为利。使用这一方法，首先要发现事物可以利用的缺点。一般来说，发现事物的缺陷并不困难，找到可以利用的缺陷却不容易。因为缺陷多是人们在特定场合要排斥的，因此，人们往往习惯地认为在其他场合也应加以排斥而不考虑运用。在发现可以利用的缺陷后，紧接着要分析缺陷，抽象出这种被认定为缺陷的现象背后隐藏的可以利用的原理和特性。在一定科学原理的指导下，便可以构思巧用缺陷的方案了。

6）价值逆向

价值逆向，即无用、有用逆向，就是把无用之物变成有用之物。生活中，有很多物品由于人们为其寻找到新的适用位置而获得新价值，也可以说是变废为宝。

🎙案例讲坛

大葫芦的用途

战国时,有一次惠施对庄子说:"别人送给我一个大葫芦种子,我种下后结出一个100多斤重的大葫芦,用它盛水,重得拿都拿不动;剖开做瓢,又想不出该用它盛什么,实在是大极了,因为没什么用我就把它砸碎了。"庄子听了之后说:"其实每件事物都有它自己的用场,你认为它无用,是因为你没把它安排到合适的位置,假使有朝一日派上用场了,无用的就能变成有用的了。像你的大葫芦,用它做盛酒用的酒器不是很好吗?"

7)原理逆向

原理逆向就是从事物原理的相反方向进行思考。

🎙案例讲坛

温度计的诞生

意大利物理学家伽利略曾应医生的请求设计温度计,但屡遭失败。有一次,他在给学生上实验课时,注意到水的温度变化引起了水的体积变化,这时,他突然意识到,如果反过来想,由水的体积的变化不也能看出水的温度的变化吗? 循着这一思路,他设计出了当时的温度计。

8)功能逆向

功能逆向就是按照事物或产品现有的功能进行相反的思考。

🎙案例讲坛

风力灭火器

现在,我们看到的消防队员扑灭火灾时使用的灭火器中有风力灭火器。风吹过去,温度降低,空气稀薄,火就被吹灭了。一般情况下,风是助火势的,特别是当火比较大时。但在一定情况下,风可以使小的火熄灭,而且相当有效。

2.6 侧向思维

2.6.1 侧向思维的定义

侧向思维（Lateral Thinking）又称"旁通思维"，是发散思维的又一种形式，这种思维的思路、方向不同于正向思维、多向思维或逆向思维，正向思维遇到问题，是从正面去想，但是，侧向思维是要你避开问题的锋芒，从侧面去想，是在最不打眼的地方，也就是次要的地方，多做文章，把它挖掘出来，并把它的价值扩大。这样往往会有意想不到的效果，会更简单，更方便。通俗地讲，侧向思维就是利用其他领域里的知识和资讯，从侧向迂回地解决问题的一种思维形式。

侧向思维是受主体有力控制的思维方式，对思维采取允许失败的宽容态度。好奇、想象、机遇乃至游戏可以在思维过程中发挥作用，使得信息搜索的来源和过程更富于创造性。从本质上说，侧向思维是感知过程与思维过程的结合，在创造活动中是一种行之有效的、重要的思维方法。侧向思维具有以下 3 个方面的特征。

1）启发性

逻辑思维是一种重分析的传统的科学思维，思维与分析过程有其定式，在限定的范围内进行。虽然能对事物产生深入的认识，但是也会把人的"眼光"限制在固定的领域而缺少活力。侧向思维的注意力是分散的，可以接受多维信息流的启发、诱导，突破固定的思维形式，形成一种启发性思维。

案例讲坛

"叩诊"的方法

100 多年前，奥地利医生奥恩布鲁格想解决怎样检查出人的胸腔积水这个问题，他想来想去，突然想到了自己父亲。他的父亲是酒商，在经营酒业时，只要用手敲一敲酒桶，凭叩击声，就能知道桶内有多少酒。奥恩布鲁格想："人的胸腔和酒桶相似，如果用手敲一敲胸腔，凭声音，不也能诊断出胸腔中积水的病情吗？""叩诊"的方法就这样被发明出来了。

2）跳跃性

侧向思维属非逻辑性思维，思维过程中可以避开主导思想，向空间发展，寻求原本不会注意的其他思路（侧向）。作为解决问题的技巧，采取迂回策略，突破人们认识上的局限性，使思维进入潜意识水平,激发直觉、灵感、顿悟的产生,获得新的认识。这种打破常规的思维,即跳跃性思维,更适用于解决必须打破常规的新问题。应当指出的是,侧向思维的结果还是要按照规则检验的。

案例讲坛

李四光提出"地应力"

我国杰出的科学家、地质学创始人李四光,有一次看见家里的小狗跟小猫钻洞,但怎么也钻不进去,急得汪汪直叫,他的女儿跑来赶狗,李四光笑着说:"你是否学学牛顿,在这个洞口的旁边再开一个阿龙(狗名)可以通过的大一点的门呢?"一提到牛顿,当时正在进行地质力学研究的李四光受到启发,想起了反作用力,从而提出了"地应力"这个概念。

3)意外性

侧向思维是为了建立新的思维模式,新的思维模式不可能来源于系统内部,只能寻找外来信息,以改变旧的模式,带来新的希望。侧向思维是允许失败的,思维主体在实际过程中,旨在多方向探索可能的结果,即使求得的结果可行性只有 1/10,只要有一个是正确的,也是意外的收获。任意角等分仪的发明,就是运用侧向思维的结果。

案例讲坛

吞噬作用学说

研究免疫力获得诺贝尔奖的生物学家梅契尼科夫曾为机体同感染作斗争的机理问题绞尽脑汁。一天,他对海盘车的透明幼虫进行观察,还把几个蔷薇刺投进一堆幼虫中,那些幼虫马上把蔷薇刺包围起来吞噬了。他立刻联想到刺扎进手指时,白血球就把刺包围起来,把这个异物溶解,经进一步研究,产生了吞噬作用学说,揭示了高等动物身上的吞噬细胞在炎症过程中保护机体的作用。

2.6.2 侧向思维类型

在日常生活中,常见人们在思考问题时"左思右想",说话时"旁敲侧击",这就是侧向思维的形式之一。在视觉艺术思维中,如果只是顺着某一思路思考,往往找不到最佳的感觉,不能进入最好的状态。这时,可以让思维向左右发散,或作逆向推理,有时能得到意外的收获,从而促成视觉艺术思维的完善和创作的成功。这种情况在艺术创作中非常普遍。达·

芬奇在创作《最后的晚餐》时，出卖基督的叛徒犹太人的形象一直没有合适的构思。他按照正常的思路苦思冥想，始终没有找到理想的犹太人的原型。直到一天，修道院院长前来警告画家，再不动手画就要扣他的酬金。达·芬奇本来就对这个院长的贪婪和丑恶感到憎恶，此刻看到他，达·芬奇转念一想：何不以他作为犹太人的原型呢？于是，达·芬奇立即动笔把修道院院长画了下来，使这幅不朽名作中每个人都具有准确而鲜明的形象。在一定的情况下，侧向思维能够起到拓宽和启发创作思路的重要作用。

逆向思维是超越常规的思维方式之一。按照常规的创作思路，有时我们的作品会缺乏创造性，或是跟在别人的后面亦步亦趋。当你陷入思维的死角不能自拔时，不妨尝试一下逆向思维法，打破原有的思维定式，反其道而行之，开辟新的艺术境界。按照辩证统一的规律，我们进行视觉艺术思维时，可以在常规思维的基础上作一逆向型的思维，将两种相反的事物结合起来，从中找出规律。也可以按照对立统一的原理，置换主客观条件，使视觉艺术思维达到特殊的效果。

2.6.3　探索侧向思维的方法

侧向思维信息来源颇多。在纷繁的信息中，采用恰当的方式、方法，理顺思维线索，更有益于思维的突破，获得创造成果。比较典型的侧向思维方法主要有直接定向强方法、无定向探试弱方法、趋势外推法、寻求诱因法等。

1）直接定向强方法

在改变思维方向的过程中，思考者可以根据以往的知识、经验或某一指导原则，判断出解决某一问题的方法所在的方向，于是撇开其他方向，敏锐地直接选择这一方向进行思考和研究的思维方法。这种典型的侧向思维方法被称为直接定向强方法。

巧用招贴画

日本创造学家多湖辉在《脑力激荡》一书中讲了这样一件事：某电影院生意虽然很好，但有一点顾客不满意，就是厕所太小，观众上厕所往往要排队，令人烦躁不安。但要改造厕所，又有不少具体困难。电影院的经营者向多湖辉讨教，多湖辉想了很多方法，如避免观众一起涌进来，设立"时差制度"，限制上厕所的时间等。但是，这些方法在具体实施中不太可行。最后，多湖辉想：既然厕所小的毛病使观众要排队并烦躁，那么问题的目标就是解决排队烦躁。因为正面改造厕所不可能，所以只解决一个侧面问题，使他们不那么烦躁，不也很好吗？于是便提出在厕所旁边的墙上，贴上多种招贴画和海报，包括新的电影介绍等。一个月以后，老板亲自向多湖辉道谢，说尽管排队上厕所的人还是一样多，但由于有那些内容丰富的招贴画,人们也就不太觉得烦躁了。

　　问题的侧向拓展往往伴随着对真正问题的界定,即上升问题的层次。在上例中,最早的问题是改造厕所的问题,但是,假如把这一问题上升一个层次,就会发现"等上厕所烦躁"才是根本问题。那么,厕所小和必须改造厕所只能算是这一问题的体现方式之一,而以其他方式(如张贴招贴画)让人不烦躁,也同样可以达到目标。通过这些方式将问题向侧面拓展,也不失为解决问题的方法。

2)无定向探试弱方法

　　在人类历史的早期或者人类刚刚涉足的领域,人们往往在没有经验指导或缺乏足够专业知识的条件下,不得不在多种可能性之间反复进行比较、分析、试错、修正,筛选出解题所需信息的思维方法。这种方法被称为试错方法或无定向探试弱方法。

　　无定向探试弱方法以尝试和易变为特征,思维效率不一定高,有时还要冒几分风险,但是选择信息的回旋余地大,如果运用得当,可能有突破性的创造。无定向探试弱方法常用于那些久久徘徊于创造者脑海中非常规的、高难度的创造性课题。面对这类课题,许多常规的、定向的思维方法难以奏效,不得不把它转交给无定向探试弱方法解决,通过不断摸索,取得突破性的创造。值得注意的是,虽然无定向探试弱方法是一种试探性的、自由度很高的思维方法,但是使用该方法不等于可以无根据地盲目冒险蛮干,否则将一事无成。

3)趋势外推法

　　侧向思维方法的一种有效方法是趋势外推法。趋势外推法又称趋势外推法或趋势分析法,属于探索型预测的思维方法。

　　趋势外推法的前提是过去发生的某一事件,如果没有特殊的障碍,在将来仍会继续发生。趋势外推法根据事物从过去发展到现在再发展到未来的因果关系,认为人们只要认识了这种规律,就可以预见未来。正因为如此,在运用趋势外推法时,对于事物的未来环境并不做具体的规定,而是基于这样一种假说,即影响过去时期发展的主要因素和趋势,在推测时期是基本不变的,或其变化的趋势和方向是可以认识的。因此,未来仍将按从过去到现在的趋势发展下去,人们也就可以从现实的可能出发,从现在推向未来。

　　趋势外推法是以普遍联系为其理论根据的。根据普遍联系的观点,客观世界的事物是相互联系、彼此影响的。从横向看,每一事物都处于普遍联系的链条中,认识和把握其中一个环节,就可以认识到其他的事物。从纵向看,每一事物都有其自身发展的历程,即都有过去、现在和将来的发展过程。趋势外推法一般从横向联系来预测事物发展的趋势。著名历史小说《三国演义》里"借东风"的故事就是一个生动的例证。

🎙 案例讲坛

借东风

　　曹操大军已到江边,迫使孙、刘联合。由于敌强我弱,不能硬拼,只能智取,因此,决定用火攻摧毁对方的船只。但火攻须借助风力，当时真是"万事俱备，只欠东风"。正在这关键时刻，诸葛亮答应可以"借东风"。结果到进攻敌人那一天，果真刮起了东风，一举烧毁了曹操的船只。诸葛亮为什么能"借东风"？因为他精通天文地理，能根据天气的变化趋势，预测到哪一天具备刮东风的条件。其次，要更好地实现侧向思维，仅仅通过趋势外推是远远不够的。通过加强外界刺激促进思维方向的转移是有效的策略，而要更好地加强外界刺激就要寻求诱因。寻求诱因是以某种信息为媒介，从而刺激、启发大脑而产生灵感的创造性思维方法。

 案例讲坛

哪位船老大会游泳？

古时候，有一个人想过河，他来到河边大声问道："哪位船老大会游泳？"话音刚落，好几个船老大都围了过来，热情地自我推荐："我会游泳，客官坐我的船吧！"只有一位船老大没有过来，坐船人就走过去问那人："你水性好吗？"船老大不好意思地说："对不起，我不会游泳！"坐船人高兴地说："那好，我坐你的船！"为什么坐船人要选不会游泳的船老大呢？原来，坐船人认为，不会游泳的船老大，他必然会小心地划船，坐他的船就比较安全了。这种从侧面来推理的方法就是侧向推理法，其结果是安全过河。

4）寻求诱因法

寻求诱因法往往以某个偶然事件（信息）为媒介，通过刺激大脑产生联想，豁然开朗，迸发出创造性的新设想来解决问题。对一个问题百思不得其解时，诱发因素是极其重要的，所谓"一触即发"，就包含了诱因的媒触作用。诗仙李白的诗人人皆知，百读不厌，他的许多绝句都是在饮酒时创作的。李白只要一喝酒，灵感就会迸发，因此有"李白斗酒诗百篇"之说。

案例讲坛

X射线的发现

X射线的发现，是物理学上的一项重大突破。19世纪末，物理学中的力学、热学、光学和电磁学都已经建立了比较完整的理论。而X射线的发现，引发了一系列重大发现，揭开了现代物理学的序幕。X射线的发现者威尔姆·康拉姆·伦琴因此获得了1901年的首届诺贝尔物理学奖。X射线是物理学家伦琴在用真空管产生阴极射线时偶然发现的。据伦琴本人回忆，1895年11月，他在连续几天的阴极射线实验之后，突然发现，在通电流旁边凳子上的亚铂氰化钡纸上产生了一条荧光。按常理，这种纸只有受到光线照射时才能产生荧光。现在电子管被黑纸蒙得严严实实的，光线透不出来，为什么还能产生荧光呢？伦琴抓住这个奇怪现象"穷追不舍"。多次实验证实，这是眼睛看不见的一种特殊光线。这种光线的穿透力

极强,不仅能穿透黑纸,还能透过金属。伦琴又用他夫人的手,拍出了第一张人体透视照片,这种特殊的光线称为 X 射线,人们又叫它伦琴射线。后来证明,X 射线实质上就是波长极短的电磁波。现在,X 射线在医疗诊断、海关检查、产品质量检验和许多科学研究领域都有广泛的应用。

在偶然现象中获得的重大发现和发明,这类成果中凝聚着科学家们的敏锐观察和超凡思维。装好待运的硝化甘油漏在沙滩上,一般人只是觉得可惜,而诺贝尔把思维扩展到被浸泡过的沙子上。伦琴发现,不受光线照射而产生荧光的怪现象时,联想到可能产生了一种超常的射线。这些成功都是面对偶然现象带来的诱因引发的极具创造性的侧向思维。科学史上的记载表明,在伦琴发现 X 射线之前,汤姆生、勒纳德等几位物理学家都遇到了这种现象。他们都与发现 X 射线的机会擦肩而过。只有经过长期磨炼,在研究中一贯严谨自觉并摆脱了思维定式的伦琴,才抓住了外界诱因赐予的机遇,做出了杰出的新发现。

科学史上,牛顿从苹果落地展开侧向思维提出了万有引力定律,威廉·哈维借鉴大自然中水的循环体系提出了人体的血液循环,邓禄普在浇花草时因水管的弹性受到启发制造了轮胎等,都是因为偶然事件的刺激,产生了创造性思维。表面上看,有诱因就可以解决一切问题,似乎“机遇就可以带来成功”。事实上,诱因并不是引发侧向思维的关键,机遇可以是导致成功的重要因素,但机遇不是导致成功的完全因素。面对诱因,要保持高度敏感,并且积极调动自己的固有知识。而侧向思维并非在任何情况下都可以发挥作用,必须具备一定的条件。这个条件就是所研究的问题必须成为研究者坚定不移的研究目标。只有在这样的情况下,人的大脑皮层才会建立起一个相应的优势灶。由于优势灶具有两个基本特征,即神经细胞对刺激的敏感性大大提高,脑细胞长时间保持兴奋状态,因此,一旦侧向思维受到某个偶然事件的刺激,就容易产生与思维相联系的反应,从而对所研究的问题形成新的设想,或者提出新的问题,使侧向思维在创造活动中发挥重要作用。正如法国化学家巴斯德所指出的:“机遇偏爱那些有准备的人。”

2.6.4　侧向思维的应用

1）侧向移入

侧向移入是指跳出本专业、本行业的范围,摆脱习惯性思维,侧视其他方向,将注意力引向更广阔的领域,或者将其他领域已经成熟的、较好的技术方法、原理等直接移植过来加以利用,或者从其他领域事物的特征、属性、机理中得到启发,产生对原来思考问题的创新设想。比如,为了减少摩擦,人们不断地改进轴承。但正常思路无非是改变滚珠形状、轴承结构或润滑剂等,都不能带来大的突破。后来,有人把视野转到其他方向,想到高压空气可以使气垫船漂浮,相同磁性的材料会相互排斥并保持一定的距离。于是,将这些新设想移入轴承中,发明了不用滚珠和润滑剂,只需要向轴套中吹入高压空气,使旋转轴呈悬浮状的空气轴承,或用磁性材料制成的磁性轴承。

侧向移入是解决技术难题或进行管理创新、产品创新的最基本的思维方式,其应用实例不胜枚举。例如，鲁班由茅草的细齿划破手指发明了锯；威尔逊移入大雾中抛石子的现象，设计了探测基本粒子运动的云雾器；格拉塞观察啤酒冒泡的现象，提出了气泡室的设想。这些事例都说明，从其他领域借鉴或受启发是创新发明的一条捷径。

2）侧向转换

侧向转换是指不按最初设想或常规直接解决问题，而是将问题转换成为其侧面的其他问题，或将解决问题的手段转换为侧面的其他手段等。

案例讲坛

电冰箱用途的延伸

在美国，每个家庭都有电冰箱。这种高度成熟的产品竞争激烈，利润率很低，美国的厂商束手无策，而日本人却异军突起，发明了一种与 19 英寸电视机外形尺寸一般大小的电冰箱。当微型电冰箱投入市场后，人们发现，除了可以在办公室使用，还可安装在野营车、娱乐车上。于是，全家人外出旅游，非常方便。微型电冰箱改变了一些人的生活方式，也改变了微型电冰箱进入市场初期默默无闻的命运。微型电冰箱与家用冰箱在工作原理上没有区别，其差别只是产品所处的环境不同。日本人把电冰箱的使用方向由家居转换到了办公室、汽车、旅游等其他方向，改变了产品的使用环境。

3）侧向移出

与侧向移入相反，侧向移出是指将现有的设想、已取得的发明、已有的感兴趣的技术和本厂产品，从现有的使用领域、使用对象中摆脱出来，将其外推到其他意想不到的领域或对象上。侧向移出也是一种立足于跳出本领域、克服线性思维的思考方式。

总之，无论是利用侧向移入、侧向转换还是侧向移出，关键是要善于观察，特别是留心那些表面上似乎与思考问题无关的事物和现象。这就需要在注意研究对象的同时，间接注意其他一些偶然看到的或事先预料不到的现象。也许这种偶然并非偶然，可能是侧向移入、移出或转换的重要对象或线索。

 ## 2.7　互联网思维

2.7.1　互联网思维的产生

羊毛出在猪身上、免费、粉丝经济、用户体验、口碑、极致、路⋯⋯可谓是互联网思维的标

签,互联网思维的前世今生到底怎么回事呢?

"互联网思维"一词最早的提及者是李彦宏。2011 年,李彦宏在一些演讲中就曾偶尔提到这个概念,意思是指要基于互联网自有的特征来思考。李彦宏在《中国互联网创业的三个新机会》中提到:"早晨我跟优卡网的 CEO 聊天,他把很多时尚杂志的内容集成到网站上,我就问他,为什么这些时尚杂志不自己做一个网站呢?让你们去做呢?更重要的是他们没有互联网的思维,这不是一个个案,这是在任何传统领域都存在的一个现象或者一个规律。"

1)互联网思维是相对于工业化思维而言的

一种技术从工具属性、从应用层面到社会生活,往往需要经历很长的过程。珍妮纺纱机从一项新技术到改变纺织行业,再到后来被定义为工业革命的开始,影响东、西方经济格局,其跨度至少需要几十年,互联网同样如此。

因为这种影响是滞后的,所以,我们难免会处于尴尬的身份中。旧制度和新时代在我们身上会形成观念的错位。以前越是成功的企业,转型越是艰难,这就是"创新者的窘境"。一个技术领先的企业在面临突破性技术时,会因为对原有生态系统的过度适应而面临失败。互联网思维就是要对传统的工业思维进行颠覆,消费者已经反客为主,拥有了消费主权。过去 2000 多年,作为人类文明基石的思想体系将面临新的挑战,我们正要迎来消费平等、消费民主和消费自由的消费者主权时代,整个供应链条上的各大角色,如品牌商、分销商和零售商的权力在稀释、衰退甚至终结。在消费者主权的大时代下,消费信息越来越对称,价值链上的传统利益集团越来越难巩固自身的利益壁垒,传统的品牌霸权和零售霸权逐渐丧失发号施令的能力。话语权从零售商转移到消费者手中,这是一个划时代的事件,未来全球消费者共同参与、共同分享的开放架构正在形成。这一权力重心的变化,赋予每个消费者改变世界的力量,我们必须主动邀请我们的顾客参与到从创意、设计、生产到销售的整个价值链创造中来。

2)互联网思维是一种商业民主化的思维

工业化时代的标准思维模式是:大规模生产、大规模销售和大规模传播,这 3 个基础可以称为工业化时代企业经营的"圣三位一体"。

①但是,在互联网时代,这 3 个基础被解构了。工业化时代稀缺的是资源和产品,资源和生产能力被当作企业的竞争力。

②产品更多是以信息的方式呈现的,渠道垄断很难实现。

③最重要一点,媒介垄断被打破了,消费者同时成为媒介信息和内容的生产者和传播者,再希望通过买通媒体单向传播、广播式制造热门商品诱导消费行为的模式不成立了。这 3 个基础被解构以后,生产者和消费者的权利发生了转变,消费者主权形成。

3)互联网思维是一种用户至上的思维

以前的企业也会讲用户至上、产品为王,但这种口号要么是自我标榜,要么是出于企业主的道德自律。在数字时代,用户至上是必需的行为。淘宝卖家"见面就是亲,有心就有爱"是真实的情绪,因为好评变成了有价值的资产。

移动互联网颠覆了现有的商业价值坐标体系和参照物。过去,零售商和品牌商习惯了独唱,消费者没有参与。参与感是粉丝经济的血脉,SoLoMoMe 使消费者得以解放。

移动互联网颠覆了价值创造的规律,我们必须回归到商业的本质,真正找到用户的痛点,找到用户的普遍需求,为客户创造价值。只有专注客户的价值,才会带来财富。如果仅仅是给粉丝提供商品本身的消费价值,粉丝是没有动力买你的东西的。

2.7.2　互联网思维的表现形式

1）快速便捷

互联网是人类历史上的一次革命。互联网颠覆了很多传统的工作和生活的方式。其中,最明显的是让人们的生活和工作变得更加快速和便捷。比如,人们如果想学习,不必再去学校,可以通过网络在线学习。

2）交互参与

过去,无论哪种方式的传播,都带有一种片面的单向性。随着互联网的出现,人们在互联网上可以自由地发表个人的评论,对媒体等发布的消息可以在第一时间发表自己的看法。从一定意义上说,互联网能够展现更多人的思想和看法。

3）免费

俗话说,"天上不会掉馅饼"。但是,在互联网时代,各大网络巨头和商家为了获得更多的用户,争相提供免费的产品。但是,我们也要看到,免费只是相对的,对客户而言,要想获得进一步的"权益",客户就需要支付一定的费用。例如,腾讯的一些付费装扮和游戏等。

模块 3
应用创新技法

3.1　头脑风暴法

在商业上有一句话:"经营非理论。"这句话的意思是,经营是一门实践科学,不能机械地照搬某种理论,同时也说明经营的理论和方法是多种多样的,企业和个人不可以简单地模仿某一种做法。虽然,目前尚没有一个创业成功的战略公式,也缺乏系统的创业理论和方法,但这里还是有意把那些成功创业者的点滴经验汇集起来,试图把这些资料上升为某种理论或方法。当然,这个汇集是十分有限的,仅限于个人的阅读和见闻,而且仅从创业的角度,因此挂一漏万的情况在所难免。同时,那些被纳入本模块的内容也是见仁见智,有的是理论,有的是方法,甚至有的只不过是个指导原则而已。这里之所以把它们概括为理论或方法,目的是给那些正走在创业道路上的高职生明晰的理念,也希望广大学者和创业者携手共创一套科学的创业理论和方法。

3.1.1　最懂创造力的人

在人类历史上,最伟大的发明应当是"发明方法"的发明。发明方法不仅是打破古文明基础的新尝试,还是创造未来文明的希望之光。

对创造学的研究是从 20 世纪 20 年代开始的。但是,将创造学作为一门独立的学科,始于 20 世纪 50 年代。1953 年,奥斯本的名著《应用想象力》出版。这本书被认为是创造学的经典著作,重点是放在想象的重要性和普遍性上,它首先在美国布法罗大学作为创造学的教材使用,随后被其他大学相继采用。这是一本阐述创造力的最早的和较为系统的著作,后被翻译成其他多种文字出版,在世界学术界有较大的影响。

奥斯本早在 1938 年就发明了创造技法——头脑风暴法,并把它应用于发明创造实践,取得了巨大的成功。20 世纪 40 年代,这一方法首先在美国得到推广和应用,美国的一些高等院校还专门开设了这门课程,日本许多大公司也积极举办各种智力激励法训练班,取得了极好的效果。

奥斯本对创造学研究与推广的贡献是多方面的,他创建了"创造力教育基金会",建立了"应用创造力解决问题研究所",创办了唯一的《创造行为》杂志。在 20 世纪 50 年代后期,奥斯本还出版了畅销书《我是最懂创造力的人物》。奥斯本大半生的时间都致力于人类创造力的研究与推广普及,足迹踏遍全美各大学和数以千万计的企业。奥斯本的论点和建议曾激励了无数人,给他们带来了希望和成功。的确,奥斯本是最懂得创造力的人,是他把人类这一宝藏发掘了出来,并且造福于人类。是他证明,"人与人之间,虽有程度上的差异,然而,均拥有想象力""男女创造力并无差别""一位 80 岁的老人与一位 30 多岁的青年人,智力没有多大差别"。奥斯本认为:"当务之急是唤起、训练人类的发明能力,因为从整体来看,具有发明能力的社会才是最强盛、最进步的社会。"

3.1.2 头脑风暴法的内涵

头脑风暴法是奥斯本于 1938 年在 BBDD 广告公司任副经理时发明的。头脑风暴法一被提出,很快受到企业界的青睐。把头脑风暴法应用于发明创造实践活动中,效果十分明显,因此,头脑风暴法很快在各个行业得到了推广。

头脑风暴法是从英文 Brain Storming 直译过来的,相近似的译名还有头脑震荡法、脑轰法、智力激励法、畅谈会法等。名字虽然各异,但其核心是:使人的大脑处于一种自由奔放的氛围之中,把人的想象力激发到最活跃的状态,并围绕某一个问题激励与会人员提出尽可能多的创意。这是开发创造力的最早的方法,也是运用得最广泛的方法。现将头脑风暴法的基本内容简介如下。

1)头脑风暴法的基本原则

奥斯本认为:"想象力,是人类区别于其他动物的重要因素之一,也是人类征服世界的动力。"头脑风暴法的目的,正是充分发挥人的这一巨大的潜力,激发出更多的创意。为了达到这一目的,采用头脑风暴法必须遵循两条基本原则。

（1）推迟判断原则

所谓推迟判断,是指不要过早地对他人提出的设想或建议下断言、作结论,以免束缚他人的想象力。严格地遵守这一原则,是开好"畅谈会"的前提,是使头脑风暴法取得成功的保证。F. 席勒说:"当一些设想刚刚产生的时候,你就运用智能仔细研究,这显然是不妥当的,因为它有碍我们进行创造性思维。"这里所说的"仔细研究"就是判断,是"评头论足",是对刚刚产生和正在萌发的创意的干预。推迟判断的目的,是获得"心理安全"和"心理自由"。这是源源不断产生创意的必要的心理环境。奥斯本曾作过调查,华盛顿联邦政府曾召开过一个 200 人的会议,采用这种方法不到 30 分钟,就提出了超过 100 种的创意。

（2）数量保证质量原则

奥斯本认为,越是增加设想的数量,就越有可能获得富有实用价值的设想,越有可能走上解决问题的正确轨道。无疑,这个观点是符合唯物辩证法的"量变到质变"的规律的,没有一定的"量"就没有"质",进而没有"质"的突变也就不可能实现人们认识的飞跃。

2)头脑风暴法的基本做法

这种方法的基本点在于:为了解决一个明确的问题,召集专门的特殊会议。要求与会者敞开思想、各抒己见、互相启发、互相激励,使创造性的思维产生共鸣和连锁反应,从而获得更多、更好的解决问题的方法。会议时间一般在半小时至 1 小时。参加人数一般为 5~10人,最好有几个思想活跃的人起带头作用,但不能事先作暗示。会议主持者 1 人,要求头脑清醒,思维敏捷,作风民主,善于启发诱导。会议记录员 1~2 人,作风踏实,办事认真,负责完好地把与会者的意见记录下来。会议一定要有充分的准备,提前"安民告示",要求与会者围绕议题做好准备,发言简明扼要。会议过程既要充分发扬民主,又要正确引导。会后,记录员要协助主持人把所有与会者的设想、方案整理出来，对不同的意见应当一一列出，对相似的意见可以进行必要的归纳。然后，主持人组织未参加会议的人，对会议提出的各种新设想（不公布提出人的名字）进行评估：一是新设想是否可行；二是新设想实行后是否有效益。对那些既可行又有效益的设想，决策人往往会采纳并予以实施。

3）会议的原则

为了开好会议，必须遵循以下原则。

①会议的议题要适当。一般来说，议题要明确，讨论和要解决的问题大小适度，不得附加任何约束性的条件。

②自由奔放。提倡自由思考、自由想象，鼓励"异想天开"，不限制任何奇谈怪论，敢于"标新立异"，创意越新越好。

③严禁评论与批评。对与会人员提出的任何设想不得阻挠，不得评头论足，不得批评，即使是幼稚甚至是荒诞无稽的，也不得讥笑或批评。须知，这是保护创造性思维最重要的原则，也是人们在日常工作中最容易忽视的一个问题。

④既要求数量，又要求结合与改善。要求与会人员提出尽可能多的创意，越多越好。同时，还要求与会人员动脑筋，改善他人的创意，或通过思维加工把几个创意结合在一起形成一个更好的创意。

⑤不得谋求权威。不管是会议主持者还是与会者，不管他们原有的职业和身份是什么，在会议上是一律平等的，任何人不得谋求权威，不得阻挠和打断他人的发言。

4）与会者应遵守的原则

头脑风暴法执行得如何，不仅取决于会议的主持者，而且，与会者的自觉配合也是十分重要的。因此，与会者必须遵守以下的原则。

①无论与会者职务高低、年龄大小，在会议上一律平等，享有同样的发言权力。

②互相尊重、合作，要有宽容大度的胸怀，不许对他人提出的设想进行评议，更不能贬斥。

③不许交头接耳，不许私下交谈，以保持自由奔放的会议气氛。

④对与会者在会上的发言，要严加保密，任何人不得向外泄露。

实践证明，头脑风暴法的确是一个行之有效的方法，头脑风暴法已经在世界各国得到了广泛推广。当然，头脑风暴法像任何其他的科学理论与方法一样，也有其自身的局限性，正因为如此，才出现了对头脑风暴法的改进，使其更趋完善。

3.1.3 创造技法的万花筒

世界各国十分重视创造方法的研究与推广，美国称它为"创造工程"，日本称它为"创造工学"，俄罗斯称它为"创造技术"，德国称它为"主意发现法"，中国称它为"创造技法"。虽然名称各异，但主旨是相同的，意在开发国民的创造力，促进本国的科技和经济的发展。有人通过研究，把目前已知的 300 多种创造技法归纳为 3 类，即逻辑的创造技法类、亚逻辑的创造技法类和非逻辑的创造技法类。实际上,在已知的 300 多种创造技法当中,有不少是大同小异的,真正具有一定独特性的创造技法约有 60 种,其中,经常使用的只有 20 多种。当你窥视万花筒时,可以看到某种图样,摇动万花筒后,可以看到数不尽的变化图样,如果放入新纸片,又将看到万花筒内出现了与过去完全不同的图样。事实上,联想观念的作用如同在万花筒中放入新纸片一样,如果将新的事实和经验投入大脑,即可形成另外的图样,只要能将新的事实与旧的事实相结合,再加以整理并操作,新的创意便不断产生。

3.2　思维导图法

通过科学家对人脑研究得出的结论,以及从 20 世纪 60 年代末问世以来,现被人们当作"终极思维工具"的思维导图的简单介绍,我们认为,前边提及的发散性思维还需要进一步强调。

3.2.1　关于人脑的研究

科学家对人脑的研究已经进入分子生物学的水平。现代技术已经证明:每个人的大脑中拥有 1 万亿个脑细胞,其中,负责思考的脑细胞(称神经元)有 1000 亿个。每个脑细胞都包含一个巨大的电化复合体和功能强大的数据处理及传递系统,即每个脑细胞可以产生的连接数可达 1028 数量级。每个个体细胞都可以在同一时刻与相邻的 1 万多个脑细胞发生接触和拥抱。正是这种闪烁不定、连绵不断的拥抱,才使人的思维中无尽的模式和图谱被创造出来,得到营养,并不断增多。美国生物学家罗杰·斯佩里(Roger Sperry)在 20 世纪 60 年代末公布了他对大脑的研究成果:人脑皮层的两边,右半脑主要负责节奏、空间感、格式塔(完整倾向)、想象、白日梦、色彩及维度。左半脑主要负责词汇、逻辑、数学、顺序、线性感、分析和列表。尽管两个半脑各司其职,但是,它们在所有的领域里基本都发挥功能,而且两个半脑可以同时使用。

上述研究告诉我们:即使你的大脑在 100 年的时间里,每秒输入 10 条数据(每个条目都是一个简单的词汇或者图像),我们每个人的大脑都具有无限能量和潜力。

3.2.2　关于人的学习过程的研究

在对人脑进行神经生理学研究的同时,科学家从心理学的角度研究人的学习过程。他们的研究归纳起来有以下几点。

①在学习过程中,人脑主要记忆 6 个方面的内容,它们是:开始阶段的、结束阶段的、与已经存储或正在学习的东西发生联系的、突出或独特或被强调的、对 5 种感官(视、听、味、嗅、触)之一特别有吸引力的、个人特别感兴趣的内容。

②大脑具有寻求"格式塔"的倾向，即需要通过词汇和意象填充空白，以求整体的自然倾向。

③在学习过程中，人脑发挥五大功能：接收、保持、分析、输出、控制。这五大功能都是彼此强化的。

④杰出天才的人在学习过程中，其思维是多面的，包括幻想、渴望、计划、学科知识和大脑认知。另外，他们还有一个共同的特点，就是经常记笔记，而他们的笔记表明与同时代其他人的线性思维不一样。他们使用了人人都具备的大脑技能中更多的部分。

在上述基础上，英国著名学者东尼·博赞专门研究了传统学习方式中的制作笔记和记笔记，他发现以下规律。

①传统学习方式中的主流线性笔记主要有3种风格：句子或者叙述风格，即简单地把要说的话以叙述的形式写出来；列表风格，即记下产生的想法；数字或者字母轮廓风格，即按照层级次序制作笔记，该层级次序主要由主分类和次分类构成。

②在主流线性笔记的3种风格中，每一种风格使用的工具有以下几种：线性模式，这些笔记通常以直线模式写下来，还用到了语法、时间顺序和层次顺序；符号，包括字母、单词和数字；分析，用到分析，但表达形式过分线性化而不是内容。

③主流线性笔记中几乎完全没有视觉节奏、视觉模式或正确模式、色彩、图像（想象）、视觉化、维度、空间感、格式塔（完整倾向）、联想，以至于连接大脑左、右半球的各种技能无法通过向上螺旋运动和生长的方式产生互动。

④主流线性笔记系统让大脑产生拒绝和遗忘是因为该系统关键词模糊、不易记忆、浪费时间、不能有效地刺激大脑。

针对上述传统学习方式中制作笔记和记笔记的弊端，东尼·博赞指出：将人区分为左脑人（科学家）和右脑人（艺术家），这种区分限制了我们的潜力，即限制了自己开发新策略的能力。让人类大脑的各个物理方面和智力技巧彼此协同工作而不是彼此分隔，则其发挥作用的效益和效率都会更高。发散性思维是一种更清晰、更自然和更有效的使用大脑的方法。发散性思维体现了大脑内部的结构和程序。思维导图是它的外在表现，能够启动大脑的无限思维能量库。

3.2.3　何谓思维导图

鉴于对人脑的研究和人的学习过程的研究，英国著名学者东尼·博赞和巴利·博赞兄弟俩于20世纪60年代推出了他们的专著：《思维导图》。思维导图又称心智图，实际上是一种笔记方法、一种可视图表、一种整体思维工具、一种可以应用到所有认知功能领域的学习工具。思维导图具有如下特征：处于图中心的能捕捉主要内容的关键词或图像，然后从中心向外辐射形成若干分支。每个分支由一个关键图像或者印在相关线条上的关键词构成。这样，图中心的主题被分成多个次主题。由于图可以通过添加颜色、图片或者维度（将词汇和图片变成三维立体状）来丰富它，使之具有视觉冲击力。加上它模仿脑细胞的无数突触和连接，揭示了我们自身思维的产生和连接方式，从而更容易调动人的发散性思维，以激活大脑技能中更多的部分。作者在《思维导图》一书中举了一个浅显而生动的例子：让人写下"幸福"一词,然后将它圈起来,以它为中心,画10个分支,在每个分支上写下想到"幸福"这个概念就会联想的词。他们发现:这种小型思维导图练习,大多数参试者一旦开始进行词汇联想,词与词之间便会一直连锁下去,有点像在网上跟踪链接。读完这个内容,链接又会带你去另一个内容,周而复始。大脑正是以这种方式工作。思维导图打开了联想和连接的通道,激活了自由思考和创造的潜力。

作者在使用词汇教人做小型思维导图的基础上,进一步说明了用图形进行思考和交流的重要性。我们可以归纳如下:人脑思考的主要形式是图片和联想,词汇只不过是传递大脑图片意象的货船,大脑注意的中心永远是意象。图片使用了大量的大脑技能:色彩、外形、线条、维度、质地、视觉节奏、想象,从而引发广泛的联想,加强了创造性的思维和记忆。

必须在画画的技巧和词汇表达技巧之间建立某种新的平衡。接下来,作者让读者以"家"为中心概念,用一张白纸和一些水彩笔,先在中央画"家",然后从中央散射10个分支,每个分支线上画一些联想画,称之为小型思维导图的画图练习。

再往下,读者可以让图像和词汇结合,让某个中心概念发散出来的10个(或更多)词汇或图形再次通过联想产生次一级的分支,以建立"思维导图之树"。作者指出:按照思维发散的本质,每个加到思维导图上的关键词或者关键图形都可以自成一体,产生无穷多联想的可能性。

作者还分析了完成思维导图必须正确使用层次和分类。从中心词或图到最早出现的10个图或图形,应是按其内在的重要性来定位的。

发现主要基本分类概念的简单办法是提问,比如:

需要什么样的知识?

如果是一本书,章节的名称是什么?

我的具体目标是什么?

在所考虑的领域当中,最重要的几个分类是什么?

我的基本问题是"为什么""是什么""在什么地方""谁""什么时候""怎么样"……通常都可以作为一张思维导图的主要分支。

如果要将这些包括进去,更大的分类是什么?

一旦掌握了正确使用层次和分类的方法,我们就可以以诸如"幸福"为中心概念,用图像、文字来表示基本分类概念、层次、序号、维度和代码来做完全思维导图的练习了。

在如何操作思维导图方面,作者强调了以下几点。

第一,思维导图对应3个"A",即接受(Accept)、应用(Apply)和改编(Adapt)。

所谓接受,是指撇开成见,尽量模仿范式。

所谓应用,是指完成基本训练后,至少画100幅思维导图,把规则和建议都用到。

所谓改编,是指发展自己的思维导图技能。

第二,思维导图技巧和准则。不把生硬的秩序与混乱的自由混同起来,真正的精神自由是从混乱中创造秩序。

第三,突出重点,让一切技法都可以用在联想上。它包括:①一定要用中央图像;②整个思维导图中都要用图像;③中央图像上要用3种或更多的颜色;④图像和词汇的周围要有层次感;⑤要用通感(多种生理感觉混合);⑥运动感,让词汇、图片、整个思维导图都可以移动;

⑦字体、线条：和图像的大小尽量多一些变化以表明层次；⑧间隔要有序以增大图形的条理性；⑨间隔要恰当，条目之间的空间可以与条目本身的重要性相比。

第四，发挥联想。它包括：①在分支模式的内外作用连接时，可以使用箭头；②使用各种色彩；③使用代码。

第五，清晰明白，使联想思维和回忆更加流畅。它包括：①每条线只写一个关键词；②所有的字都用印刷体写；③线条的长度与词本身的长度尽量一样；④线条与线条之间要连上；⑤中央的线条要粗些；⑥将思维导图的分支设计成不同的形状；⑦图形尽量画得清楚些；⑧让纸横向放在你面前；⑨让思维导图尽量笔直。

如之后还有对思维导图的检查、复习等内容，限于篇幅，不再陈述。仅就上述对思维导图的简介，相信同学们对何谓思维导图已略知一二，如果你肯花一点时间，按思维导图的一些规则、步骤，自己制作某一主题的思维导图，你就会在发挥眼、手配合方面，在发挥联想方面有所收获。

3.2.4　思维导图的基本应用

东尼·博赞和巴利·博赞兄弟俩合著的《思维导图》这本书详细介绍了思维导图的应用。它包括用于记忆、用于创造性思维、用于决策、用于组织他人观点（记笔记）的基本应用。还有用于自我分析、用于写日记、用于提高学习技巧、用于会议、用于演讲、用于经营管理方面的在学习、生活和工作领域的高级应用。

下面，仅就记忆和创造性思维这两个方面的基本应用进行介绍。

1）用于记忆

首先展示记忆法则思维导图（图 3-1）。

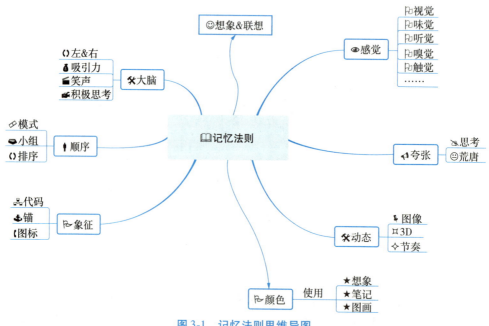

图 3-1　记忆法则思维导图

图3-1可以作为思维导图的一个范例。图3-1从中央图像"记忆法则"向四周发散成多个分支:大脑、联想＆想象、感觉、夸张、动态、颜色、象征、顺序。每个分支再继续发散次一级的分支,比如,"动态"这一分支的次一级分支是:图像、3D、节奏。纵观全图,我们发现:思维导图把人左脑、右脑的一些功能都用上了。

作者从3个方面分析思维导图是如何提高人的记忆力的。首先,你亲手制作或借鉴的别人的思维导图摆在你面前时,它让你在放松的专注中储存信息。其次,思维导图利用颜色、形状、联系、结构、字体大小等,提供了更多的数据分类组合,这是传统的线性笔记模式所不具备的。最后,思维导图从两个方面满足重复,而重复有助于信息的回忆:仅一页思维导图,让加工好的数据一直在你的视野范围内。思维导图短小精悍,漂亮美观。

值得提醒读者的是:现在有专门的思维导图软件,使绘制思维导图变得相对简单。已经有不少人利用软件绘制"思维导图"来增强记忆。比如,不少中学理科教师在给学生上复习课时,会绘制专门的思维导图,让学生在较短的时间内对知识的脉络进行重新组织、整合。学生面对新颖的思维导图表现出极大的热情,在教师的适当引导下,积极参与联想、想象和分类组合等项活动,大大加深了学生对知识的记忆。

2）用于创造性思维

在《思维导图》一书中,作者对创造性思维的重要因素做了简明的阐释,除了思维中的灵活性,也包括其他重要因素以及进行下列活动的能力。

①用以前存在的一些想法联想新的、独特的创意。

②把异乎寻常的因素合并起来。

③把先前的概念重新布置联络起来。

④把先前的概念倒置过来。

作者认为,思维导图可通过以下几个方面推动我们的创造性思维。

①探索一个给定主题所有创造性的可能。

②把思维当中对这个主题以前的一些假设全部清除,从而让位于新的创造性思想。

③从正在进行的一些活动中得出一些新的想法。

④创造出一些新的概念框架。

⑤一旦闪现出思维的火花,应立即捕捉住,并延伸出来。

⑥创造性地筹划。

作者认为,可以通过一个特定过程产生比传统头脑风暴至少多一倍的创造性想法,这一过程共有5个阶段。

第一阶段称为速射思维导图爆发,即用尽可能大的空白纸,在其中央将给定主题的图像画上,然后从中央开始,在不多于20分钟的时间内,让能够想得起来的所有点子都沿着它发散出来。这种大脑高速运转的情况,松开了原先镇住大脑的习惯性思维模式,激励了一些新的和通常看来明显荒诞的念头。

第二阶段称为重构和修正,即先短暂休息,让大脑安静下来,好好整合目前为止生成的所有观念。然后再画一张思维导图,在里边辨认出主干(基本分类概念)、合并、归类,建立起层次,找到新的联想。考虑一开始认为"愚蠢"或者"荒诞"的一些想法,看看它们是否适应于思维导图的大框架。思想越是不受拘束,结果就会越好。

第三阶段称为沉思,即完成思维导图的第一次修正之后,通过做别的事情,或散步、听音乐、泡澡等,让灵感在大脑松弛时出现,让发散性思维过程扩大到大脑最偏远的角落,增大新创意突破的可能性。

第四阶段称为第二次重构和修正。针对第一步、第二步、第三步得到的所有信息以及第二幅速射导图,思考制作一幅全面的思维导图。

第五阶段称为最终答案,即寻找答案、决定或者结果。这一步常常包括将最终的思维导图中分开的一些元素合并起来工作,以期有新的发现和大突破。特别强调:在长时间深奥的创造性思维中,如果新的洞察力在第一次重构和修正阶段就被发现,则沉思也许会在集合洞察力的基础上产生一个新的视角。

最后,需要告诉读者的是,能够把思维导图应用于创造性思维,不是一朝一夕就能成功的。它需要我们更加努力学习,不断增加自己的知识积累。只有丰富的知识积累,才可能在发散性思维中,调动各方面的知识去产生联想。另外,它需要我们在制作自己的思维导图方面更加努力。只有自己动手去做,积极参与其中的联想、想象、分类组合等活动,才可能让发散性思维过程扩大到大脑原先"沉睡"的角落,增加新创意突破的可能性。

3.3 奥斯本检核表法

奥斯本检核表法(Checklist Method)是以发明者奥斯本的名字命名,奥本检核表法针对需要解决的问题或需要创新设计的对象,从多方面列出一系列的有关问题,然后逐个地加以分析、讨论,从而确定出最好的设计方案。奥斯本检核表法的核心是改进,通过改进进行创新。奥斯本检核表法是大量开发创新设想的一种简单易行的创新技法,适用于任何类型和任何场合的创新活动,因此有"创新技法之母"的美誉。奥本检核表法从9个角度出发,根据需要解决的带有共性的问题列出提纲式的表格,然后逐条进行检查、设问、讨论和核对,从中挑选一两条,集中精力深思,获得发明创造。奥斯本检核表法的特点是简单易行,减少疏漏,排除人们不善提问的心理障碍,引导人们用多向思维进行发散思考,突破旧的思维框架,开拓新的思路,产生大量原始思路和原始创意。

奥斯本检核表法的基本步骤是:首先,选定一个要改进的产品、方案或问题。其次,根据产品、方案或问题,从不同的角度提出一系列的问题,并由此产生大量的思路。最后,根据提出的思路,进行筛选和进一步思考、完善。

奥斯本检核表法是改进型的创意产生方法,不是原创型的。奥本检核表法必须先选定一个有待改进的对象,并在此基础上设法加以改进。如果把一个产品的原理引入另一个领域,可以产生原创型的创意。运用奥斯本检核表法时,需要注意以下4点:一是要和具体的知识经验相结合;二是这种方法只揭示了思考的一般角度和思路,因此发展思路还要依靠人们的具体思考;三是要结合改进对象(方案或产品)进行思考;四是可自行设计大量问题来提问,提出的问题越新颖,得到的想法就越有创意。

①能否加以改变? 现有事物可否调整原布局? 可否调整既定程序、日程计划、规格、因果关系、型号、元件、部件、位置方式、目标、形状、颜色、声响、味道、意义、模具、运动形式等。这些改变将会产生意想不到的发明创造。比如,改变车身颜色可以增加汽车美感;调整教室内壁和环境色彩可以防治近视;钢笔尖上开个小口可以使书写流畅;把漏斗下端变成方形,利于空气溢出,可以使液体下流顺畅。

②能否作他用? 这要求人们对现有事物的功能有所怀疑或思考。破除"功能固定论",就有可能产生新的创意。如对现有东西,想一想是否有其他用途,或稍加改造后有无别的新用途。借助和参照现有东西,寻求新的用途,产生新的思路和产品。例如,保温瓶的瓶口扩大后可以作为保温桶、保温杯;电吹风也可以成为被褥烘干机。当人们将自己的想象投入这条广阔的"高速公路"上时,就会以丰富的想象力产生出更多、更好的设想。

③能否有更佳设想? 现有事物能否借用别的经验? 能否模仿别的东西? 过去有无类似的发明创造? 能否将现有的发明成果引入其他创造性设想中? 现有事物能否借鉴其他材料、元件、原理、方法、结构、工艺、动力、设备? 这些将有助于使某一发明创造向广度和深度发展,形成系列的发明创新成果。比如,通过联想借鉴,用 X 光来治疗疾病,观察人体内部情况;引入微爆破技术消除肾结石;改进电灯光线波长,创造出紫外线灯、红外线加热灯、灭菌灯。由此可见,科学技术的重大进步不仅表现在某些科学技术难题的突破上,而且表现在科学技术成果的推广应用上。

④如何调整? 现有东西能否调整(如改变布局、型号、计划、规格、安排、更换程序等)、改变(如产品目的、颜色、声音、味道、形状、式样、品种等)? 调整、改变后的效果如何? 比如,田忌赛马的故事;飞机螺旋桨由头部装到顶部使飞机成为直升机,放在尾部则使其成为喷气式飞机;汽车喇叭按钮由方向盘轴心移装到方向盘下的半个圆周上,手指按起来更方便;冰箱冷藏室和冷冻室位置调整;给面包裹上一层芳香的包装,提高嗅觉诱惑力;滚柱轴承改为滚珠轴承;手表的动力装置由涡卷弹簧改为电池、太阳能等。只要调整、改变得当,会产生不同寻常的创新。

⑤如何放大? 巧妙运用"加法""乘法""再多一些"等方法,能给想象提供大量的构思设想,大大拓宽探索领域。针对某一现有事物,想一想能否扩大其使用范围,能否增加一些元素(如时间、长度、寿命、价值、强度、速度、数量、高度等)使其成为新产品。比如,在管理中融入感情,可沟通心灵,使氛围和谐融洽,提高团队合作精神;在产品中赋予感情,以情动人,备受欢迎;在两块玻璃间加些材料,制成一种防震、防碎、防弹的新型玻璃;在牙膏中加入药物,使其成为防蛀牙膏、防口臭牙膏等。

⑥如何缩小? 对现有的某些产品或工序,在不减少功能的基础上力求简化,想一想能否缩小、取消、分割、变薄、变小、减轻、压缩、分开、浓缩。如袖珍式收音机、微型计算机、折叠伞、折叠床等。

⑦如何用其他事物进行替代? 想一想现有东西能否有代用品,能否用别的材料、方法、工艺、能源、动力等代替。比如,用液压传动来替代金属齿轮;利用太阳能、风能、地热能代替

石油、煤炭等能源。

透水地面

城市容易在大暴雨后出现道路积水和内涝等灾情的重要原因是路面不透水。以环保技术见长的德国,把全国城市90%的路面改造成了透水路面。与全硬化地面相比,透水路面能够平衡城市生态系统。雨水由透水路面渗透入地下,地下水位可以迅速回升。透水地面能通透"地气",使地面冬暖夏凉,雨季透水,冬季化雪,可以增加城市居住的舒适度。另外,由于透水地面的孔隙多,地表面积大,对粉尘有较强的吸附力,减少了扬尘污染,也可以降低噪声。

⑧如何反向颠倒? 想一想现有事物能否从相反方向来考虑,进行正反、上下、主次、位置、作用颠倒。反向思维挑战习惯思维,在创造活动中颇为常见。比如,司马光砸缸救人运用了逆向思维法;运用"颠倒"设想建造舰船,速度显著加快。事物总有正反两个方面,从相反的方向思考问题,通过对比,可以启发人的思路,萌发创造力。

⑨如何组合起来? 想一想现有事物能否在原理、方案、材料、部件、形状、功能、目的等方面进行组合。比如,X光技术和计算机技术组合,便是 CT 机;铅笔和橡皮组合成带橡皮铅笔;几种部件组合一起变成组合机床;几种金属组合一起变成性能不同的合金;几种材料组合制成复合材料;几个企业组合在一起构成横向联合。当前,科学、技术、生产、管理都有一种从分到合、向整体出发的综合观念。世界上任何复杂的事物都是由较为简单的事物组合而成的,组合被认为是创造、创新的源泉。

奥斯本检核表每一项都有极为丰富的内容。就如何调整而论,调整和改变的对象包罗万象,原理、功能、材料、方法、形状、颜色、整体、部分等,都不妨改变一下。就"如何放大"而论,仅指放大体积吗? 功能和别的就不能放大吗? 因此,运用时,要把既有事物或产品、设想等特定对象与奥斯本检核表中的项目进行核对。要充分运用想象力和联想力,考虑问题要从多种角度出发,不要受习惯思维的影响。要从问题的多个方面去思考,视野要宽,思路要活,不要把视线固定在个别问题或个别方面。这样思考问题对创新来说才有启发意义。

案例讲坛

某企业为降低成本进行的奥斯本检核表法训练检核内容如下。

1. 能否节约原料? 最好是既不改变工作,又能节约原料。

2. 在生产操作中,有没有由于它的存在而带来干扰的东西?

3. 能否回收和有效利用不合格的原料、在操作中产生的废品? 能否使之变成其他种类具有商业价值的产品?

4.生产产品所用的零件能否购用市场上销售的规格品?并将其编入本公司生产工序。

5.将采用自动化而节约的人工费和手工操作进行比较,其利害得失如何?如果进行长期预测,结果又将如何?

6.生产产品所用的原料可否用其他适合的材料代替?如何代替?商品的价格如何?产品性能改善情况怎样?性能与价格有何关系?能否把金属改换成塑料?

7.产品设计能否简化?从性能上看,有无加工过度之处?有无产品外表看不到而实际上做了不必要加工的地方?这时,首先要从性能着眼,考虑必要而充分的性能条件,其次再考虑商品价格、式样等。

8.零件是从外部订购,还是公司自制合适?要充分考虑工厂的环境,再做出有数量根据的判断,从而在大家都认为理所当然的事情中发现意外的错误。

9.查看一下商品组成部分的强度计算,然后考虑能否进一步节约材料。

3.4　6 顶思考帽法

3.4.1　6 顶思考帽法的定义

思考帽是英国学者爱德华·德·波诺(Edward de Bono)博士开发的一种思维训练模式,或者说是一个全面思考问题的模型,一共有 6 种,常被称作"6 顶思考帽"。它提供了"平行思维"的工具,避免将时间浪费在互相争执上。强调的是"能够成为什么",而非"本身是什么",其寻求一条向前发展的路,而不是争论谁对谁错。运用波诺的6顶思考帽法,将会使混乱的思考变得更清晰,使团体中无意义的争论变成集思广益的创造,使每个人变得富有创造性。

这 6 顶思考帽,分别为白色、红色、黑色、黄色、绿色、蓝色。波诺利用不同的颜色,来标记不同的人,对于某些事务或现象的认知关系,能够清楚、有效地传达我们对于各种不同事物的主要思考模式与思考重点。这 6 顶思考帽的意义,主要有两个:其一,集中注意力的工具;其二,可以简单、有效地培育一个人的创造能力。这 6 顶思考帽,可以作为家长训练孩子创新思维的工具,而不必经由繁复的学习与转化过程。至于这 6 顶帽子各自的意义,简单说明如下。

1)白帽子思考模式

白帽子思考模式直接将注意力的焦点放在可用的资料上。在白帽子思考模式下,关键的问题有 3 项:第一,我们有哪些资料;第二,我们错失了哪些资料;第三,我们应该怎样获得我们需要的资料。

2）红帽子思考模式

红帽子思考模式，与情绪、感情、预感、直觉等有关。红帽子思考模式，要处理感情之类的问题。红帽子思考模式与白帽子思考模式，似乎是相反的模式。白帽子思考模式，考虑的是客观的事实，而一点不在乎任何人对这些事实的看法与感受。但是，红帽子思考模式，则只在乎人们的感受，不会去考虑客观实际问题。红帽子思考模式，能够给我们一个机会，让我们把感情融入思考。让我们根据经验发展出来的直觉，得以表现。我们可以更有效、更快速地考虑我们身处的特殊时空背景，建立我们的正当性基础，而不需要发展太多的推论基础。因此，红帽子思考模式，可以让我们解决复杂的情绪问题。

3）黑帽子思考模式

黑帽子思考模式，属于逻辑思考，其目的在于有效地完成我们的判断。黑帽子思考模式，与真假和事实有关，是一种精密性的思考模式。关于黑帽子思考模式，我们会探索以下问题：第一，这是真的吗？第二，这有用吗？第三，它能有效地运作吗？第四，它的危机与问题是什么？

4）黄帽子思考模式

黄帽子思考模式，也是一种逻辑思考，其与黑帽子思考模式相同，都是为了有效地完成我们的判断。但是，它是以效益作为考虑的主要因素。黄帽子思考模式，对未来充满希望。当然，它会提出其所主张的逻辑理由，以支持其对未来的论说。黄帽子思考模式，也会运用逻辑论证，对过去加以论证。不过，通常也是充满乐观的语调，对于一项概念，会很仔细地陈述其之所以生效的理由。黄帽子思考模式通常会问两个问题：第一，好处在哪里；第二，为什么这些好处会实现。

5）绿帽子思考模式

绿帽子是一项积极的帽子，它会让人产生新的概念、新的逻辑、新的解决方案和新的发明。绿帽子思考模式，会产生以下几种主要用途：第一，探索世界与环境。第二，提出计划与建议。第三，找出各种备选方案。第四，提出新的观点。第五，产生、刺激、提出挑战。第六，采取行动，创造能量。

6）蓝帽子思考模式

蓝帽子思考模式，与控制和指导思考程序有关。包括以下几项要点：第一，我们现在在思考什么？第二，下一步该思考什么？第三，对于完整的思考规划如何？第四，摘要。第五，观察与评论。

如前所述，白帽子思考模式和红帽子思考模式，能够将理性因素与感性因素加以充分的处理，发挥正面功效。黑帽子思考模式和黄帽子思考模式，则相互合作，完成了完整的逻辑性思考。绿帽子思考模式，可以实现真正有效的行动，促使思考与行动相结合。而蓝帽子思考模式，则是对于整个工作的反省与精致化，发挥贡献，提出检讨。

这6项思考帽，常常被定义为：在当下的情境中，我们扮演的角色是什么。使用"帽子"一词，不是一种分类的用语：说某人是红帽子思考模式的人，反而应该鼓励所有的人，使用全部的思考模式,而不要陷于单一的思考模式的泥潭中。

3.4.2　6顶思考帽法的应用

6顶思考帽法将思考的不同方面分开,使我们足够重视问题的不同侧面,给予每个侧面充分的考虑。这就好比彩色打印机的原理,它先将各种颜色分解成几种基色,然后将每种基色打印在一张纸的相同部位上,便会显示彩色的打印结果。类似地,我们将思维分解成不同的方面,然后从同一事物的不同方面进行思考,最终会得到全面的"彩色"的思考。

6顶思考帽法需要注意的事项如下。

①控制与应用。掌握独立和系统地使用帽子工具以及帽子的序列与组织方法。

②使用的时机。理解何时使用帽子,从个人使用开始,分别在会议、报告、备忘录、谈话与演讲发言中有效地应用6顶思考帽法。

③时间的管理。掌握在规定的时间内高效地用6顶思考帽法的思维方法,从而整合一个团队所有参与者的潜能。

3.5　TRIZ 发明技法

3.5.1　TRIZ 理论的由来及其基本思想

TRIZ 的英文名称为 Theory of Inventive Problem Solving。1946 年以来,以根里奇·阿奇舒勒(G. S. Altshuller)为首的专家,经过对 250 万份专利文献的研究发现,一切技术问题在解决过程中都有一定的模式可循,可以对大量好的专利进行分析并将其解决问题的模式抽取出来,为人们进行学习并获得创新发明的能力提供参考。经过多年收集、分析、比较和归纳,这一研究建立了一整套体系化的、实用的发明问题解决方法,这就是所谓的 TRIZ 理论。

TRIZ 理论基本思想为,大量发明创造所包含的基本问题和矛盾是相同的,只是技术领域不同而已,将先前发明所涉及的有关知识进行提炼和重新组织,形成一种系统化的理论知识,可以用来指导后来者的发明创造、创新和开发。TRIZ 法的基本思想打破了人们思考问题片面性和惰性的制约,避免了传统创新过程的试错法带来的盲目性和局限性,明确指出了解决问题的方法和途径。

3.5.2　TRIZ 理论的主要观点

解决发明创造问题的理论核心是技术系统进化理论,即技术系统如同生物系统一直处于进化之中,解决技术矛盾和冲突是进化的推动力,进化速度随技术系统矛盾的解决而降低,使其产生突变的唯一方法是解决阻碍技术系统进化的更深层次的、关键的、核心的矛盾和冲突。以数字化信息存储技术为例,从穿孔纸带到磁带,到发展为磁盘、光盘,再到现在的U盘、移动硬盘、网盘,技术矛盾不断地得到解决,存储技术突飞猛进地进化。

3.5.3 TRIZ 理论的应用步骤

1)创新思维方法

不要以为创新思维是少数天才才能拥有的专利。事实上,在我们身边,在人类历史进步的点滴中,创新思维无处不在。创新思维的核心特征简单明了,创新思维的基本类型非常好懂好用。只要真正认识到创新思维的规律,自觉学习并运用创新思维,人人都可以成为创新思维的拥有者、受益者和传播者。TRIZ 理论体系中,提出了多种创新思维方法,帮助我们克服思维惯性。这些方法主要有9屏幕法、小人法、金鱼法、STC 算子。

(1)9 屏幕法

从系统及其子系统的过去、现在和未来的联系出发,普遍性地思考问题的产生和发展,系统地分析资源,从资源的视角探究解决问题的可能性,选取最佳方案解决问题。

(2)小人法

面临系统内的某些组件不能完成其必要的功能,并表现出相互矛盾的作用时,考虑用一组小人代表这些不能完成特定功能的部件,通过能动的小人,实现预期的功能。然后,根据小人模型,对结构重新进行设计。

(3)金鱼法

将问题分为现实和幻想两部分,进而分析幻想部分为什么不能现实,在什么条件下,幻想部分可以变为现实。然后列出子系统、系统、超系统的可利用资源,从可利用资源出发,提出可能的构想方案。

(4)STC 算子

将尺寸(S)、时间(T)、成本(C)因素进行一系列变化的思维试验,即在明确研究对象现有尺寸、时间和成本的基础上,想象对象的尺寸无穷大、无穷小,想象过程的时间或对象运动的速度无穷大、无穷小,想象成本(允许的支出)无穷大、无穷小,每个想象试验要分步递增或递减,直到进行到物体新的特性出现。

2)工程矛盾解决原理

生活中常常见到很多矛盾,矛盾是指相互抵触、互不相容的关系。工程中,同样存在矛盾,如在飞机制造行业中,为了增加飞机外壳的强度,一种很容易想到的方法是增加外壳的厚度,但是厚度的增加势必造成重量的增加,而重量的增加是飞机设计师们不想见到的。在其他很多行业中,这样的矛盾十分常见。TRIZ 把工程中常见的问题分为两种:技术矛盾和物理矛盾。技术矛盾是指两个参数之间的矛盾,改善了某一个参数,会导致另一个参数恶化。如上面提到的,提高飞机外壳强度的同时,增加飞机的重量。物理矛盾是指一个参数的矛盾,如温度既要求高,又要求低。为了解决技术矛盾,TRIZ 理论给出了矛盾矩阵这种工具,运用矛盾矩阵,可以找到解决某技术矛盾的相应方法,即创新原理。不同的发明创造往往遵循共同的规律。经典 TRIZ 理论将这些共同的规律归纳成 40 个发明原理与 11 个分离原理。针对具体矛盾,可以基于这些创新原理寻求具体解决方案。TRIZ 理论的 40 条发明原理如下。

(1)分割(Segmentation)

①将一个问题分解成相互独立的部分。

②使得问题易于分解。

③增加分裂或分割的程度。

(2)抽取(Extraction)

抽取物体中关键部分(有害或有利)。

(3)局部性能(Location Quality)

①将物体或环境的均匀结构变成不均匀结构。

②使组成物体的不同部分完成不同的功能。

③使组成物体的每一个部分都最大限度地发挥作用(材料、性能、功能)。

(4)不对称(Asymmetry)

①将物体的形状由对称变为不对称。

②如已经不对称,则增加原有的不对称程度。

(5)合并/组合(Combining)

①在空间上,将相似的物体连接在一起。

②在时间上,合并相似或相连物体。

(6)多用性/普遍性(Universality)

由一个物体完成多项功能。

(7)套装(Nesting)

①按照次序将一个物体放在另一个物体内。

②让一个元件穿过另一个元件内。

(8)重量补偿/互消(Counterweight)

①为了补偿一个物体的重量,和其他物体混合以便能提升。

②为了补偿物体的重量,让它和环境相互作用(如空气动力、水力、浮力或其他力)。

(9)预加反作用(Prior Counteraction)

①如果一个操作必定产生有害作用,应施加反操作以抵消(控制)有害作用的影响。

②在可以产生拉力的部位,预先在物体上产生压力。

③预留收缩量、预留材料损失量。

（10）预操作（Preliminary Action）

①操作前，预先使物体的局部或全部发生所需变化。

②预先对物体进行特殊安排。

（11）预先防范（Beforehand Cushioning）

采用预先准备好的应急措施补偿物体相对较低的可靠性。

（12）等势性（Equipotentiality）

在潜在的领域里限制其位置改变，使工作过程中的对象不需要被升高或降低。

（13）反向（Inversion）

①将一个问题中规定的操作改为相反操作。

②使物体中的运动部分静止，静止部分运动。

③将物体（或过程）颠倒。

（14）曲面化（Spheroidality Curvature）

①不运用直线或平面部件，而运用曲线或曲面代替。将平面变成球面，将立方体变为球形结构。

②运用滚筒、球或螺旋结构。

③利用离心力将线性运动变成旋转运动。

（15）动态化（Dynamics）

①允许将物体、外部环境或过程的性质改变到最优或最佳操作条件。

②将物体分离成相互间能相对运动的元件。

③如果物体（或过程）是刚性的或不柔韧的，使其可移动。

（16）未达到或超过作用（Partial or Excessive Actions）

如果运用给定解法物体的全部功能很难实现，那么，通过同样的方法"增加一点"或"减少一点"，也许能获得相对来说较为容易的解法。

（17）维数变化（Moving to a New Dimension）

①在二维或三维空间移动物体。

②对物体运用多种排列而不是单一排列。

③将物体一边平放，使其倾斜或改变其方向。

④用给定区域的反面。

（18）机械振动（Mechanical Vibration）

①让一个物体振动。

②增加振动频率（甚至达到超音速）。

③运用物体的共振频率。

④运用压电振动器而不是机械振动器。

⑤运用超声波和电磁振动。

（19）周期性作用（Periodic Action）

①运用周期运动而不是连续运动。

②如果已经是周期运动,改变其运动频率。

③在两个脉动的运动之间增加脉动。

（20）连续性工作（Continuity of Useful Action）

①连续工作,使物体的所有元件同时满负荷工作。

②消除所有空闲或间歇。

③用旋转运动代替往复运动。

（21）快速动作（Rushing Through）

以最快的动作完成有害的操作。

（22）变害为益（Convert Harm into Benefit）

①运用有害因素,特别是对环境或外界有害的因素,以获得有益效果。

②通过增加另一个有害行为,以消除预先的有害行为来解决问题。

③两个有害相结合消除有害。

（23）反馈（Feedback）

①引入反馈以改进操作或行为。

②如果已经有反馈了,就改变反馈控制信号的大小或灵敏度。

（24）中介物（Mediator）

①使用中介物传递某一物体或某一中间过程。

②将一个容易移动的物体与另一个物体暂时结合。

（25）自我服务（Self-Service）

①通过附加功能,物体产生自我服务的功能。

②利用废弃的材料、能量和物质。

（26）复制（Copying）

①用简单和便宜的复制件,而不用不易获得的、昂贵的、易碎的或不易操作的物体。

②用光学复印件代替物体或过程。

③如果已有光学复印件,则改用红外线或紫外线复印件。

（27）低成本替代（Dispose）

用一些低成本、不耐用物体,代替昂贵、耐用物体。

（28）机械系统的替代（Replacement of Mechanical Systems）

①用视觉、听觉、嗅觉系统代替部分机械系统。

②用电场、磁场等完成物体的相互作用。

③将固定场变为移动场,将静态场变为动态场。

④将铁磁粒子用于场的作用之中。

(29)气动与液压结构(Pneumatics and Hydraulics)

物体的固体零部件可以用气动与液压结构代替。

(30)柔性壳体和薄膜(Flexible Shells and Thin Films)

①用柔性壳体和薄膜代替传统结构。

②用柔性壳体或薄膜将物体与环境隔离。

(31)多孔材料(Porous Materials)

①使物体多孔或通过插入、涂层等增加多孔元素。

②如物体已多孔,用这些孔引入有用物质。

(32)改变颜色(Color Changes)

①改变物体或外部环境的颜色。

②改变物体或外界环境的透明度。

③采用有颜色的添加剂或发光剂。

(33)同质性(Homogeneity)

采用相同或相似的物质制造与某物体相互作用的物体。

(34)抛弃与修复(Discarding and Recovering)

①当一个物体完成功能无用时,抛弃或修改。

②立即恢复一个物体中损耗的部分。

(35)材料性能转换(Transformation of Properties)

①物体物理状态在气态/液态/固态间变化。

②改变浓度或密度。

③改变物体的柔度。

④改变温度。

⑤其他参数。

(36)相态转变(Phase Transitions)

在物质相态转变期间,运用现象的改变,例如,体积改变、热量损失或吸收等。

(37)热膨胀(Thermal Expansion)

①利用材料的热膨胀或热收缩性质。

②如果已经运用了热膨胀,就使用不同热膨胀系数的多种材料。

(38)强氧化(Strong Oxidants)

①用富氧空气代替普通空气。

②用纯氧气取代富氧空气。

③暴露在空气或氧气下,以便离子辐射。

④利用氧离子。

⑤用臭氧代替氧离子。

（39）惰性环境（Inert Atmosphere）

①用惰性环境代替通常环境。

②在某一物体中添加中性元件或惰性物质。

（40）复合材料（Composite Materia）

将物质的单一材料改为复合材料。

3）最终理想解

TRIZ 理论在解决问题之初，首先抛开各种客观限制条件，通过理想化来定义问题的最终理想解（Ideal Final Result，IFR），以明确理想解所在的方向和位置，保证在问题的解决过程中沿着此目标前进并获得最终理想解，从而避免了传统创新设计方法中缺乏目标的弊端，提升了创新设计的效率。如果将创造性解决问题的方法比作通向胜利的桥梁，那么最终理想解就是这座桥梁的桥墩。最终理想解有 4 个特点：保留了原系统的优点；消除了原系统的不足；没有使系统变得更复杂；没有引入新的缺陷，或者新的缺陷很容易解决。当确定了待设计产品或系统最终理想解之后，可以用这 4 个特点检查其有无不符合之处，并进行系统优化，以确认达到或接近 IFR 为止。

3.5.4　TRIZ 理论在高校创业教育中的应用

近年来，国内大多数高校都开展了创业教育，主要是针对学生进行创业技能训练、创业知识传授、企业金融财税政策等层面的教学。也就是说，高校把创业教育简单地等同于教育学生开办企业，侧重从创业知识和技能教育角度理解创业教育，这样的教育理念狭隘地理解和执行了创业教育的题中应有之义。对于这种功利主义的创业教育，美国百森商学院（Babson College）蒂蒙斯（Jeffry A. Timmons）教授曾明确指出其弊端，认为这是在"揠苗助长"，无法满足高新技术产业"创业革命"的需要。提倡创业并不等于鼓励高职生盲目地开办企业，高职生创业应不同于普通人群，在市场竞争日趋激烈的社会环境下，应充分发挥自己的知识优势，借鉴乔布斯和比尔·盖茨的创业模式，先创新再创业，以创新支撑创业。

TRIZ 总结了技术创新遵循的基本规律，提供了操作性强的创新方法，通过对 TRIZ 理论和案例的学习，可以在创业教育中"植入创新基因"，使学生掌握创新的含义、创新的过程和方法。

1）应用 TRIZ 理论揭示的进化规律，提高创业机会识别力和技术预测能力

创业的核心是利用和开发机会，并利用机会实施创业。因此，创业教育的重点是让学生掌握识别创业机会的策略。TRIZ 理论针对技术系统进化演变规律，在分析大量专利的基础上，提炼出 9 个技术进化定律，9 个技术进化定律又可以细分为若干具体的技术进化路线，利用该定律和路线，可以确定产品或技术的进化状态，预测未来发展趋势，为企业决策提供依据。TRIZ 理论中的技术预测工具之一是技术成熟度预测，认为产品中所包含的技术和生物进化一样处于不断进化演变的过程，即技术进化状态可以分为婴儿期、成长期、成熟期和退出期 4 个阶段。

进入 21 世纪,随着技术进化节奏的加快和新技术的诞生,许多产品以超出人们预期的速度进入退出期。例如,2003 年 TCL 集团兼并重组法国汤姆逊公司的彩电和 DVD 业务,TCL 收购法国汤姆逊公司看重的是其 CRT 彩电技术优势。但是,从 2005 年下半年开始,CRT 电视不再受宠,取而代之的是平板电视。技术预测的失误往往给企业带来不可估量的损失。创业者对技术的预测也十分重要,创业者应尽可能选择处于婴儿期的产品或产业,因为这些领域在位企业少,竞争少利润高,并且有着巨大的发展空间。

2）应用 TRIZ 理论的进化模式,注重创新意识的培养

TRIZ 对创新有明确的定义,认为创新是采用不妥协的方式解决两难问题。在现实中,面对两难问题,人们多采用妥协设计的方式解决,如何平衡矛盾双方成为解决问题的关键。比如,自行车在 19 世纪六七十年代有一个奇怪的发展史。一开始,前后轮一样大。随着时间的流逝,人们为了使自行车跑得更快,将前轮越做越大。最终,人们给自行车装上了一个直径达 1.5 米的前轮。显然这会影响自行车的舒适性。在很长一段时间内,自行车设计者只能采用妥协设计的方法平衡自行车车速和舒适性之间的矛盾。劳森发明了利用链条带动后轮的新式自行车后,要提高车速,只要改变前后链轮的直径比就可以了,自行车的车速不再受制于前轮直径的大小。同样,很多工程技术领域乃至社会领域的两难问题,都可以通过创新获得双赢解。而 TRIZ 的目标在于采用非妥协方式解决困难和两难问题,并给出了系统的、具有可操作的创新原理。通过 TRIZ 的系统学习,可以使学生逐渐放弃传统妥协设计解决问题的思路,自觉寻求两难问题的创新解,培养创新意识并在实践中提高创新能力。

3）应用 TRIZ 理论创新的观点,注重科学创新精神的培养

TRIZ 与传统创新方法最大的不同,认为创新是有规律可循的,创新不只是属于少数天才发明家的专利,只要掌握创新的规律,对普通人来说创新也就不再高不可攀。TRIZ 的创始人阿奇舒勒指出,培养发明家,其实可以像培养医生和律师一样,通过创新方法教育来塑造的。2007 年以来,多个省开办了创新工程师培训班,其中,黑龙江开展最早,运用集中培训加工程实践应用的培养办法进行 TRIZ 理论指导下的创新工程师的培训,培训效果非常显著。学员普遍反映,思路更开阔,以前认为很难解决或用妥协设计方法解决的问题,用 TRIZ 理论进行分析后,换了新角度,发现确实存在更优的解决方案。同样,在高等教育阶段,通过 TRIZ 技术进化理论、发明原理等创新理论知识的学习,使创新对学生不再神秘,激发了学生创新的兴趣,为以后的创业或就业打下基础。

4）应用 TRIZ 理论的创新思维方法,注重科学思维方法的培养

TRIZ 认为,思维惯性是发明创新的最大障碍,采用 TRIZ 来解决问题,人们的惯性思维必须被加以抑制。TRIZ 中也包含一些特定目的的心理算法,如系统算子(9 windows)、参数算子,TRIZ 要求尽量采用非专业术语表述问题,因为专业术语可能禁锢人们的思维。例如,使用专业术语"油漆",将导致人们只想到液体或固态油漆,然而,油漆也可以是气态的。而系统算子(9 windows)、参数算子主要是激发人们发散思维,从多角度考虑问题。通过这些心理算法的学习和使用,可以逐步克服思维惯性的影响。

5）应用 TRIZ 理论的拓展观点，注重发明创新能力的培养

不同的领域的发明创新往往具有共同的原理。例如，1950 年用于坚果脱壳的专利，在密闭容器中缓慢加压，然后快速将容器打开，在内外压差的作用下，完成坚果的脱壳。1972 年，金刚石破碎的专利采用了同样的方法，制造金刚石刀具时不希望金刚石内部有微小裂纹，在密闭容器内增大金刚石外部气压，快速释放气压，大块金刚石在内部压力的作用下沿内部微裂纹分开。据统计，全世界应用了上述"缓慢加压，快速降低，通过内外压差工作"的专利一共有 300 多个。这表明，很多技术问题或相似问题已被前人在其他地方或其他领域解决了。如果能有意识地利用这些发明的经验，总结其中的规律，解决发明问题将不再困难。随着 TRIZ 理论的推广应用，发明原理的应用已不再局限于工程技术领域，发明原理已被应用于商业、管理、金融等领域，这进一步说明了发明原理的普适性。通过 TRIZ 发明原理和应用案例的学习，在解决实际问题时，通过类比方法，举一反三，将非常有助于实际问题的解决。

6）应用 TRIZ 理论的方法论观点，努力实施面向创新实践的创业教育教学方式

在创新创业教育过程中，需要超越传统灌输式教学的方式，采用讨论和参与式教学，采用大班上课与小班讨论相结合的形式，实行参与互动式的教学。例如，开展头脑风暴式的讨论会，按照头脑风暴法的基本原则，不否定学生"标新立异"，激发学生的创意，鼓励学生由创意、到创新，再到创业。对于 TRIZ 中的理论知识部分，可以采用启发式教学，采用提问的方式，启发并引导学生积极思考，指出所学创新原理在工程应用中可能出现的问题，提出解决问题的方法，使学生很自然地进入课程教学内容的意境。对于 TRIZ 的应用教学，则可以采用探究式教学方式，给学生预置题目。让学生通过查阅文献了解与问题相关的专业知识，介绍该问题已有的解决方案，明确创新解决方案的特征，引导学生应用所学创新原理寻求创新解，教师的主要责任是组织、指导、规范学生的探究过程，注意培养学生寻求合作的团队精神，着重培养学生的自主钻研能力和创新意识。为实现由创意到创新的飞跃，必须大力开展课外创新实践活动，鼓励学生动手实验，指导学生带着问题去学习专业知识，鼓励学生多参加科技竞赛。对于优秀的科技创新作品，指定教师指导学生完成创业计划，争取学校和社会的资金支持，进一步实现从创新到创业的飞跃。

模块 4
创新品格

4.1 创新品格决定成就

具备创新品格是拥有创新能力和科研能力的基础。没有创新品格，就谈不上拥有创新能力和科研能力。

4.1.1 创新品格

心理学对人的创新能力早有研究，由于不能正确理解创新活动的本质，往往把创新看成人的"天赋才能"，认为具有超群智力的人才会具有创新能力，并且把智力看成是进行发明创新的唯一条件。近几十年，国内外许多心理学家在对众多杰出人才的研究中发现，不少做出突出发明创造的人并不全都具备超人的、全能的智力，他们中有些人记忆力很差，有些人的思维也不比正常人敏捷。影响一个人创新能力高低的关键因素，在于一个人的心理结构是激发还是束缚创造潜能的发挥。独特的个性才会产生独特的思想，平庸的品格只能产生平庸的见解，这是显而易见的事实。

所谓创新品格，是指有助于人的创新能力发挥的独特心理特征、心理结构和行为风格。创新品格既是人的创新力的外部显现，又是人的创新潜能发挥的内部重要影响因素。

人的品格是一个多侧面的统一体。对于人的创新品格，可以划分为 3 个层面：第一个层面是微观心理层面，即作为个体的品格，包括个人的能力、气质、性格、兴趣态度、价值观、人生观等。第二个层面是中观心理层面，即作为群体的个体，包括特定群体的意识特征、规范、价值体系和行为风格等。第三个层面是宏观心理层面，即作为社会成员的整体特征，如民主性、国民性、阶级性等。上述 3 个层面是相互联系、相互依存、相互制约的，它们都以某种方式制约着人的心理活动，使人的心理产生创新或保守、新颖或守旧的心理倾向，最终决定着人有无创造性的结果。品格对一个人创新能力的影响是深刻和全面的，具体体现在以下 3 个方面。

①指导每个人的创新方向。人的兴趣、爱好、价值观不同，选择的创新目标也不一样。一个目光短浅、斤斤计较的人，不会选择影响人类生活的重大课题，更不会为此而艰苦奋斗。

②决定一个人创新能力的大小。如果一个人的性格僵化、保守、墨守成规，显然他的思维很难有新颖性和独特性，他创造的源泉也会枯竭。

③影响一个人创新潜能发展和发挥的程度。每一个正常人都具有巨大的创新潜能，一个人只要具有博大的胸怀、强烈的求知欲和高涨的探索真理的热情，其创新潜能才能得以发展和发挥。

人的品格与其创新能力的关系十分密切，只有理解人的个性，才能深入理解创新的本质。爱因斯坦曾经说过，不深入研究科学创立者的品格发展，就不可能了解和分析科学的内容。但是，在这种片面客观的叙述中，某些步骤有时可能看成是偶然的成功。只有在对他们的智力发展进行深入研究的情况下,才能理解这些步骤是怎样成为可能的,甚至是有必要的。

4.1.2　创新品格的特征和形成

1)创新品格的特征

所谓人的创新品格特征,指的是创新能力强的人和一般人不同的那些特征。一些心理学家认为,创造力强的人,大致具有以下一些品格特征。

（1）自信与乐观

世界上唯一获得两次诺贝尔奖的女科学家居里夫人有句名言:"我们应该有恒心,尤其要有自信心。"自信心是所有伟大发明、发现、创造及所有事业成功的巨大动力。没有自信就没有独创,就没有勇气将创新意识付诸行动。有了自信,才会勇敢坚强,敢于冒险,在创造思想产生前的"阵痛"中保持乐观。研究表明,对高创造性的人来说,焦虑水平应该是中等的、适度的。焦虑水平太高或太低,都会抑制创造性。创造性活动是一种非常复杂的活动,只有保持乐观、轻松自如,个体思维才能活跃,暂时神经联系才容易接通。一些创造性的灵感通常诞生于轻松愉快的心境中就是典型的例证。因此,适度焦虑、保持乐观理应成为创造性人才重要的人格特征。

（2）独立与合作

盲目从众、人云亦云的人是不可能有创造性品质的。只有敢于标新立异,善于独辟蹊径,爱好独树一帜者才会有独立的思想、独到的见解。独立性是创造者必备的品质。爱因斯坦主张:"学校的目标应当是培养独立行动和独立思考的人。"在具有独立性品质的同时,创造者还应具有合作精神,一种获得同行支持的能力。一些学者认为,帮助者和角色榜样在发展创造天赋中起了重要的作用。许多诺贝尔奖获得者是在以前诺贝尔奖获得者研究的基础上进行研究的,或者他们周围有许多人可以激发他们的灵感。当一个具有创造性的人周围有许多也具有创造性的人时,他最容易获得成功,因为他会与其他人甚至竞争对手相得益彰。研究发现,社会交往的作用十分重要。在科学研究中,往往是一个人提供了一个前提条件,第二个人提供了另一个前提条件,第三个人从这两个前提条件中得出结论。由此可见,善于与同行切磋讨论、真诚合作是创造者一种必备的素质。

（3）忍耐与有恒

学者斯坦伯格认为"忍受模糊的能力"是创造者必备的关键人格之一。在科学研究中,研究者可能需要等待其理论建立内在联系,或等待将理论和资料充实起来。美国学者在《天才的发生学研究》一书中对中外 150 名最成功者和最不成功者进行了分析。分析发现,最成功者和最不成功者之间差别最大的 4 种品质是:①取得最后成果的坚持力;②为实现目标不断积累成果的能力;③自信心和克服自卑感的能力;④社会的适应能力和实现目标的内驱力。前两点是指创造者所必需的持之以恒的精神。但凡有创见者,都具有面对困难不轻易放弃、不虎头蛇尾、百折不挠、锲而不舍的精神。

（4）好奇与兴趣

好奇与兴趣是一种强有力的内部动机,对人的创造性活动具有巨大的推动作用。著名的科学家、发明家都具有这种品质。英国著名科学家贝弗里奇说:"也许,对研究人员来说,最基本的品格是对科学的兴趣和难以满足的好奇心。"T. M. Amable 在她的《创造力的社会心理学》一书中提出,内在动机原则是创造力的社会心理学基础。她的这一原则是指:当人们被工作本身的满意和挑战所激发,而不是被外在的压力所激发时,才表现得最有创造力。也就是说,当人们从事创造性工作时,其动机是任务中心而不是目标中心,是内在的而不是外在的。这些都启示我们要致力于高职生真正的内在好奇心、求知欲和兴趣的培养,尽量减少外部的限制、监督、评价。

（5）想象与幽默

缺乏想象力的人很难在科学事业上作出杰出贡献。爱因斯坦曾经说过:"想象力比知识更重要,因为知识是有限的,而想象力概括着世界上的一切,推动着进步,并且是知识进化的源泉。"日本学者川上正光认为:"知识,百科全书可以代替,可是考虑出的新思想、新方案,却是任何东西代替不了的。""想象力能够成为我们生命中的关键因素是因为只有想象力才能创造奇迹。"奥斯本在他的《创造性想象》中提到,富有想象力的人往往能够把两类相距很远的事物联系在一起,如"看电视是在咀嚼思维的口香糖",非常幽默。

一个人怎样才有可能取得创新成果呢? 纵观科技发展史,不难得出这样一条线索:在特定的创造环境下,创新成果的获得取决于创新者的创新动机和创新能力。创新动机包括理想、信念、献身精神、探索精神等,这是推动创新者从事创新活动的动力。一个人虽然有创新才能,但是缺乏创新动机,没有从事创新活动的积极性和意愿,不想去从事创新活动,自然是不会产生创新成果的。反之,一个人即使有强烈的创新动机,没有必要的知识和才能,同样很难取得创新成果。这就要求创新者同时具有创新动机和创新能力。一个创新者怎样才能富有创新动机和创新能力呢? 要做到这一点,我们认为,重要的是要有造福于人类的理想,即有献身和探索的精神,同时,要有辩证唯物主义的态度,有批判的精神,有广阔的视野,有必要的知识,有顽强的毅力和坚持的精神。

2）创新品格的形成

创新品格作为一个人一贯的、稳定的、独具特色的心理特征和行为风格,并不是偶然的、一次性形成的,而是在长期的实际活动中,经过反复的心理过程并由各种心理要素积淀的结果。人的先天生理素质是人的创新力的物质承担者。个人脑神经反应的速度、强度、灵敏度以及稳定性,在一定程度上影响着思维的稳定性、深刻性和灵活性。

品格的社会性是在人的社会化过程中形成的。社会在把一个自然的、生物的人变为一个社会人的过程中,也就把它自身在千百年历史发展中积淀的文化特点和社会心理特征,通过教化和影响传递给每一个人,这样不仅会影响个人创新力的强弱,而且会影响一个民族的创新精神。

4.1.3　创新品格的价值

创新精神中最重要的,就是创新者具备的创新品格,它是创新事业成功的前提。因为创新事业是艰巨的事业,是伴随着痛苦和辛酸的生命历程。最终能伴随少数成功者的,只有那些具有强烈创新精神、优秀创新品格的人。只有具备这种品质的人,才能战胜自我,战胜一切困难。

1）创新品格与创新思维的密切关系

社会学家高夫在研究人的个性与创造性之间关系的时候,采用"形容词检查单"的方法来区分个人创造能力的强弱。研究发现,有 18 种表现人的个性品质的形容词与个人的创造力呈正相关关系,而另一些形容词则呈现出负相关的特征。

与创造力呈正相关的 18 种形容词是:有能力的、聪明的、有信心的、自我中心的、幽默的、个人主义的、不拘礼节的、有洞察力的、理智的、兴趣广泛的、有发明精神的、有独创性的、沉思的、随机应变的、自信的、好色的、势利的、灵活的。

而与创造力呈负相关的形容词是:易受别人影响的、谨慎的、平凡的、保守的、抱怨的、老实的、兴趣狭窄的、有礼貌的、忠诚的、顺从的、多疑的等。

创新品格的自我塑造对创新活动具有举足轻重的意义,因为个性倾向决定着人对认知和活动对象的倾向和选择。因此,由创新意识、创新动机、创新意志构成的个性倾向性,是人们从事创新的生理基础和目标指向,它决定着观念的形成,支配着倾向性的行为习惯,决定着创新成果的层次和水平。创新的成功与否,首先取决于一个人的创新个性(包括气质、能力、性格)。创新活动本身是具有个性的创造者的活动,它从根本上决定了创新者应具备的个性倾向、顽强的个性品格、坚韧的个性特征及开拓的个性本色。如果创新者人格不健全,那么创新活动无法长久进行。

2）个性品格在创新活动中的作用

创新是人类社会发展的不竭动力,只有致力于创新人才的培养和创新品格的培养,才能完成历史和时代赋予的使命。

自信心和勇气是创新活动的首要前提。创新需要有勇敢无畏的精神和气概。这是创新思维主体应具备的最重要的特征和素质。只有具备这一高度和水平的人,才能有所成就。因为创新需要勇气和胆略,对传统或公认的东西提出怀疑和否定。只有具备强烈的自信心,才能有足够的勇气去面对这一切。独立自主的性格是创新思维者的性格特征。创新思维活动所涉及的往往是前人从未涉足的领域。只有具备独立性格特征的人,才能发现、提出并解决问题,才能在探索中有所突破和创新。

坚韧不拔的意志品质和锲而不舍的精神是创新活动成功者必要的精神品格。坚韧不拔是创新者必备的最重要的意志品质,甚至高于知识与想象的作用。因为进行创新活动,不仅需要克服创新者自身内在的心理障碍,具备顽强的自制力,还要经受和战胜外部恶劣环境带来的困难和挫折。没有坚韧的意志品质,是难以完成创新活动的。

总之,自信心和勇气、独立自主的性格、坚强的意志品格是创新活动实施必须具备的基本要素。因此,培养和塑造创新品格是开展创新活动至关重要的前提。

4.2　培养创新品格

4.2.1　品格在创新中的作用

品格主要反映一个人的意志品质和性格,是一种非智力的心理品质,是心理过程(知觉、情绪、意志)和个性心理特征(性格、气质等)的质和量的总称。意志是自觉确定目标,并选择手段,调节行动,以克服各种困难,达到预定目的的心理过程。意志品质是为达到预定目标,在各个阶段表现出来的稳定的行为特征。性格则是指一个人较稳定的、对现实的态度和与之相适应的习惯化的行为方式。

每个人的意志品质不同,性格特点也不同。意志品质和性格特点往往对一个人的工作、成就的大小影响很大。对历史上众多发明家、科学家的研究表明:在发明创造中,知识、智力因素往往不是决定性因素,而非智力的心理品质,包括动机、兴趣、情感、意志和性格等是激发创新热情、促进智力发挥和创新思维的心理动力。在一定条件下,心理品质对智力发挥起决定性作用。而消极的心理品质往往影响智力的正常活动,抑制创造力的发挥,甚至导致创新工作半途而废。研究表明,一个人成就的取得,智力因素只占25%,而性格等非智力因素却占75%。在论述创造力时,往往把智力作为核心因素,非智力的心理品质作为保证条件,"创造动力"作为基础,这说明非智力的心理品质在创新中的重要性。

4.2.2　创新品格的塑造

一个人的品格在创造发明中起着重要作用。好的品格能使人成为一个发明家或取得创新成果,这种品格,我们称为创新品格或创造性品格。创新品格主要表现在以下几个方面。

1)具有正确的创新动机、强烈的事业心和责任感

意志品质中的自觉性,反映一个人对自己的行动目的和社会意识有明确的认识。优良品格表现在一个人对现实充满希望,充满责任感的态度。因此,为了振兴国家、造福人民、推动科技进步,发展生产力的创新动机和行为目的,应是创新品质中最重要的一条。一个人要做好一件事,会受到各种因素、各种条件的影响,其中,起决定作用的还是行为目的和处世态度。技术创新又是一个艰苦复杂的思维活动过程,其难度之大,就好比在一个荆棘丛生、豺狼出没的山野中,走出一条新路来。历史上这种事例很多。如19世纪末至20世纪初,黄热

病曾猖狂一时,严重危害人类的生命。美国医生 J. 卡尔罗为了寻找治病方法,竟用自己的身体做试验,年轻的助手和好友考虑到卡尔罗要抚养 5 个子女,竭力劝阻他不要冒此风险,但被拒绝。卡尔罗认为作为一个探索者,是需要有献身精神的,而这种冒险的实验,不能由别人来做,只能自己承担一切。卡尔罗后来因感染黄热病而终身残疾,他的助手也因感染黄热病死亡。他们用生命的代价终于弄明白了黄热病发病的机理,为后人找到了治病的途径。

2）具有好奇心、自信心和进取心

优秀性格中的外向性,对周围事物充满兴趣、热情,积极主动的精神和善于思考的特点,是形成好奇的重要条件。乐观、无忧无虑、主动进取的性格特点,有利于增强自信心和进取心。好奇心能使人对周围事物表现出浓厚的兴趣,喜欢观察研究,喜欢问为什么,这正是发现问题、形成创新课题的开始。没有好奇心,许多创新课题都会在视而不见、听而不闻中,消失得无影无踪。在走上创新之路时,面对各种困难,如果没有自信心和进取心,心理品质不完善,单靠创新动机,在创新道路上也会步履艰难。

3）具有坚韧不拔的毅力

坚韧不拔的毅力是意志品质中的可贵特性,是指一个人能以充沛的精力和坚强意志,克服一切困难和挫折,坚决实现既定目标和任务的能力。这一能力在创新工作中极为重要和可贵,特别是对于难度较大的创造发明,因为它们都是历经几百次、几千次的失败,历经几年、十几年的努力,才结出的创新之果。但凡有成就的科学家,都具有百折不挠的精神。巴斯德在谈到成功的秘诀时曾说过:"我唯一的力量就是我的坚持精神。"又如,威廉·弗利兹·格林奈是一位没有受过正规教育的发明家,在一位摄影师研究银版照相技术的启发下,他联想到"视觉暂留"的特殊作用,结合活动画片的玩具效果,认为有可能把人的活动重新再现出来。为了这项研究,他投入大量资金,他的妻子为了支持他的研究,甚至不肯就医而过早离开人世。他的第二个妻子也为生活所迫,不得不和他离婚。妻离子散的沉重打击,并没有摧毁他的坚强意志,他仍然顽强地进行研究,终于找到了用带状透明胶片来做底片的方法。在经历了无数次痛苦和失败之后,格林奈终于发明了最早的"电影"。

4）具有谦虚、合作的精神

有的人性格高傲,有的人随和谦虚,有的人孤僻内向,有的人真诚热情。不同的人,性格有明显差别。对从事创新工作的人来说,既要自信,又要谦虚好学,不耻下问;既要有竞争意识,在一定的条件下,又要有团队合作精神。过去是这样,现在和将来更需要这样。创造发明在过去以个人活动为主,但个人毕竟势单力薄,经不起挫折打击。有时有了成果也无人问津,自生自灭,投入的资金不能收回,落得一贫如洗。和爱迪生同时代的不少发明家大都步履艰难,而爱迪生却大展宏图,在有生之年,完成 2000 多项发明,有专利可查的就有 1180 项。爱迪生终年 85 岁,假定他一生下来就会发明(这当然是荒唐的),那么平均半个月就有一项发明,这种发明速度是不可思议的。仅 1882 年,以爱迪生名义申报的专利就有 141 项,平均两天半就有一项。究其原因,大量的发明和专利,并不是爱迪生一人所为,爱迪生是一个天才的发明家,但他更大的天才和本领是把 200 多位能工巧匠(实际上也是发明家)组成了"发明工厂"，他们分工合作，共同努力，才获得了如此多的发明。在发明工厂中，团队合作精神起到了重要作用。现在，科技迅猛发展，创新难度增加，综合性提高，学科交叉、渗透越来越多，合作精神对于要求群体攻关、集团作战的大项目更为重要。因此，发明家个体之间的竞争，会逐步转变为发明家群体之间的竞争，发明家个人谦虚、合作、创新的品格就显得更为可贵。

一个人的心理品质，决定着一个人的创新品格。一个人的心理品质和先天有关，和人的生理状态有关，但也深受后天生活环境、家庭、学校教育、社会实践的影响。各种因素的共同作用塑造了一个人的品格。在这里，先天条件无法改变，但后天作用可趋利避害。要认识自己的心理品质，认清自己的意志和性格特点、优势方面和不足方面，有针对性地进行自我控制，自我调节，自我锻炼。

模块 5

初识创业

5.1 创业概述

5.1.1 创业的概念

"创业"一词由"创"和"业"两部分组成。"创"作为动词,有始造的意思,即创建、创立,在《辞海》中的解释为创立基业;"业"是指事业的基础、根基。"创业"一词在古今中外有不同的定义,随着时代的发展,它又被赋予了多种含义。

1）古今对创业的解释

（1）古代对创业的解释

古代的创业强调的是建立事业的一种终局状态。诸葛亮在《出师表》中写道:"先帝创业未半而中道崩殂。"这句话里的"创业"是一种广义的创业,指的是创立帝业,与现在所说的创业不同,其级别更高。

（2）现代对创业的解释

现代创业强调的是捕捉机会、发现机遇的过程。改革开放以来,创业被描述为一切个人或团队开创某种事业的活动,如开办工厂、创办公司等。在高等职业院校创业教育中,创业是指学生以所掌握的知识为基础,以风险投资基金为资助,开创性地将教学科研中的创新成果转化为具有广阔前景的新技术、新产品和新服务,最终建立起具有发展潜力和影响力的新企业甚至新产业的一系列活动。

"创业"一词在现代汉语中被频繁地使用,其含义大致可以概括为3种:反映创业起始的艰辛与困难;体现创业过程中的开拓与创新;强调新的成就与贡献。因此,创业是创业者通过自己的主观努力而取得新成果的过程。

2）广义的创业与狭义的创业

创业有广义和狭义之分。广义的创业重在创业行动,包括创办新企业、壮大旧企业(事业、实体),对任何企业、事业组织、实体、工程等进行拓展、创新、改造、治理、品质提升等行为,都可以划归到创业范畴中,以区别于守业、败业等消极的从业行为。因此,广义的创业涵盖企业成长过程的任何阶段,即所谓再创业、继续创业、成长型创业、拓展型创业、竞争型创业等。广义的创业与实际的创业情况更加接近,且更符合广大创业者对创业科学的认可和关注。狭义的创业通常是指创办一个新企业,它包括从筹备到企业稳定成长的全过程。例如,创业者开办个体或家庭的小企业,开展相关业务经营活动的过程。目前,所进行的创业就属于狭义范围内的创业,是结合当前经济社会的发展状况,根据国家促进就业和创业的政策要求,运用所学的创业知识和专业技能,寻找并抓住创业机会,创造出新产品、新服务,实

现人生价值的全过程。

5.1.2　创业的实质

创业的实质是创造价值的过程、创造财富的过程和创建企业的过程。

1）创业是创造价值的过程

创业活动的创造性体现在"实现潜在价值"的创造上。创业者通过发现和识别商业机会，组织各种资源提供产品或服务的过程，就是创造价值的过程。这一过程包括创业者、商业机会、组织和资源 4 个方面。

创业是创新的一种衍生，创新能够带来价值，可以解决具体的社会问题，使社会进步成为可能。在美国，以比尔·盖茨（Bill Gates）为代表的创业者们掀起的"创业革命"中，每年新成立的公司多达 100 多万个，加快了美国经济的转型，激活了社会资本，创造了前所未有的商业价值，为社会提供了巨大的就业市场。据统计，20 世纪 80 年代以来，美国"财富 500 强"企业一共削减了 500 万个工作岗位，但是，新增工作岗位达到了 3400 万个，这与新兴中小企业的贡献密不可分。

2）创业是创造财富的过程

创业是创业者通过借鉴、模仿、学习他人的经验和方法，从头做起，独立、自主地进行财富的创造和积累的过程。从广义层面来看，创业包括人类一切带有开拓意义的社会变革活动；从狭义层面来看，创业专指社会上的个人或群体开展的以创造财富为目标的社会活动。因此，创业也可以定义为：社会上的个人或群体为了改变现状、造福下一代，依靠自己的力量艰苦奋斗、创造财富的过程。

3）创业是创建企业的过程

创业需要设立一个创业运作的实体，而这一实体就是企业组织。创业者依据所属国家及地区的有关法律、法规办理企业的注册登记手续，这是创业过程中的重要标志。由此看来，创业是一种创建企业的过程。这是创业与创新的重要区别，创业有具体实施的一个企业实体，而创新只是一种活动。创业活动包括创新，但创新并不一定就是创业活动。

综合以上观点，创业的定义可以归纳为：创业者运用自己所掌握的知识和能力，利用现有的有限资源，发现和捕捉机会并由此创办企业，提供新的产品或服务，从而创造财富的过程。

5.1.3　创业的意义

1）缓解就业的严峻形势

党的二十大报告指出，强化就业优先政策，健全就业促进机制，促进高质量充分就业。健全就业公共服务体系，完善重点群体就业支持体系，加强困难群体就业兜底帮扶。统筹城乡就业政策体系，破除妨碍劳动力、人才流动的体制和政策弊端，消除影响平等就业的不合理限制和就业歧视,使人人都有通过勤奋劳动实现自身发展的机会。

2)提升中国的自主创新能力,促进经济转型

创业者是具有创新思维的一个群体,作为高层次的知识分子,创业会促进技术创新、工艺改进、新产品开发、发明专利等成果的形成。这些成果的实际应用,能够为企业创造巨额利润,推动当地社会经济的发展,有利于提升中国自主创新的能力,促进国家经济转型,增强国家科技创新的能力,符合国家创新驱动发展的战略要求。

创业必将带动国内新兴产业的发展,推动传统产业的前进,形成先进的制造业与现代服务共同发展的良好态势。创业更多地集中在电子信息、新材料、现代物流、旅游、商贸、文化、服务等现代产业领域,以新的产业发展方式带动国家经济的发展。

3)推动中国在更高的层次和更广阔的领域参与国际市场的竞争

创业可以让一个人深入社会、感受社会,能培养其动手能力、动脑能力。在创业实践活动中,能够学会逻辑分析、辩证思考,面对问题不断改进和创新,还能积累丰富的实践经验,提高发现问题、分析问题、解决问题的能力。

创业是提高创新意识、培养创新精神的有效途径。创新意识及其引发的创新活动对个人甚至国家的发展都有重大意义。只有培养更多的高素质创业人才,只有具有创新意识和创新思想的国家,才能在更高的层次和更广阔的领域直面全球技术、信息和资本市场的竞争,才能在激烈的国际市场竞争中立于不败之地。

📖 经典案例

自主创业大收获——发展壮大中的新天烘焙蛋糕店

在绍兴市新建北路5号,有一家新天烘焙蛋糕店,这家店不仅宽敞明亮,而且在店铺的一角摆放着一张圆桌、两张凳子,桌上还放着几本杂志,颇有休闲吧的味道。

这家与众不同的蛋糕店的主人是一个走出大学校门刚刚两年的年轻人——浙江大学城市学院2006届毕业生陶立群。当年25岁的陶立群在毕业后选择自主创业。到2008年1月,陶立群已经拥有5家蛋糕连锁店和一家加工厂,成为绍兴市小有名气的创业青年,被评为"绍兴市创业之星"。

2006年6月,陶立群于浙江大学城市学院工商管理专业毕业后,决定开一家蛋糕店。陶立群做出这一决定并不是盲目的。在大学期间,陶立群曾经经营过校内休闲吧、小餐厅,还做过"元祖蛋糕"的代理,对蛋糕市场有一定的了解。2006年夏天,陶立群白天顶着烈日逛遍了绍兴市区大大小小的蛋糕店,晚上查阅资料,了解市场行情,还跑到杭州、上海等大城市做蛋糕市场的调研,做可行性分析。

陶立群的调研取得了不小的收获:绍兴当时只有"亚都"和"元祖"两家知名品牌的蛋糕店,其余都是本地小蛋糕店,中高档品牌蛋糕市场相对空缺。陶立群的创业梦想就定位在打造本地中高档蛋糕品牌上。

当满满 9 页的"新天烘焙蛋糕店可行性策划书"放在父母面前时,陶立群的父母感动了,他们拿出积蓄支持儿子创业。2006 年年底,第一家"新天烘焙蛋糕店"在绍兴市新建北路 5 号正式开张,陶立群做起了小老板。他将店面分成两部分,前半部分是自选式的透明橱窗,便于顾客自行挑选;后半部分用来加工糕点,现做现卖。

为节约成本,采购、运货等工作陶立群自己一个人做。优质的原料、独特的口味、有人情味的服务,赢得了消费者的喜爱。2007 年 5 月和 10 月,陶立群先后开了第二家、第三家连锁店,2008 年又有两家新天烘焙蛋糕店在绍兴市区开张。有顾客说,因为新天烘焙蛋糕店不仅布置得有情调,而且糕点的品种多、口味好,所以他经常光顾。

谈及今后的打算,陶立群说,下一步他要在蛋糕店的团队建设上下功夫,不断改善店里的蛋糕品种及销售服务,打响"新天"品牌,力争拓展出更多的连锁蛋糕店。

5.2　创业要素

既然创业是一个创建企业的过程,那么,企业所需要具备的要素也就成为创业的要素。管理学认为,企业可以看作一个由人的体系、物的体系、社会体系和组织体系组成的协作体系。因此,人的因素、物的因素、社会因素和组织因素构成了创业的要素。

5.2.1　人的因素

毫无疑问,人是创业活动的主体。创业离不开人,而人的因素又包括以下 3 个方面的内容。

1)创业者

创业者可以是一个人,也可以是一个团队。创业对于创业者来说就是一种行为。人的行为背后存在动机,而动机又是由需要引起的。有人将创业产生的动机归纳为:争取生存的需要,谋求发展的需要,获得独立的需要,赢得尊重的需要,实现自我价值的需要。由此可见,创业者的动机直接影响创业过程,而且创业者的价值观和信念会左右创业内容,影响企业的生存和发展。

值得注意的是,在独立经营中,并不存在什么特殊的、更有利于取得成功的个性类型,这是因为:首先,创业机会无限,有些事业适合较为外向的人,而有些事业适合善于思考、宁愿躲在幕后的人。创业者可以根据自己的个性加以选择。其次,个性特征并不是不可改变的,很多优秀的创业者在他们年轻时,都表现得很羞怯,他们真正需要的是实践,一旦机会来临,克服了最初的羞怯后,他们的表现和业绩会令人吃惊。最后,企业并非一定是一个人单独创立的,那些成功的企业,往往是由一些在性格上互补的几个成员共同组成创业团队共同努力的结果。成功的创业者应当具有敏锐的洞察能力、用人能力、筹资能力和组织协调能力。

2）企业内部的人际关系

人在社会上不是孤立的个体，而是生活在与他人的关系中，需要与他人互相支撑、互相协作。创业过程中，人的因素除了创业者，还包括企业内部的人际关系。只有处理好这种关系，才能真正发挥团队的作用，形成一种合力，使有限的人力资源发挥更大的作用。

3）企业外部的人际关系

人的因素还包括企业外部的人际关系。企业不是一个封闭的体系，企业是一个开放的系统，企业与外部的供应商、客户、当地政府和社区相互联系。因此，创业过程中，人的因素还包括企业外部的人际关系。

经典案例

自测：你是否适合创业

1. 有利于创业的加分条件

（1）无论做什么，总能就就业业把本职工作干好。（+20分）

（2）工作时，容易从中发现一些兴趣。（+10分）

（3）大多数时候不对工资或其他方面抱怨，满足于在工作中取得一些成果。（+10分）

（4）对不同性格的人有较强的包容度。（+15分）

（5）曾独立把一件别人看似不可能或难办的事（无论多小）办成、办好。（+15分）

（6）认真考虑过如何与一些不好相处的领导或同事相处，并付诸实施。（+15分）

（7）长年如一日地伺候过一位老人。（+10分）

（8）拥有一批真心喜欢你、敬佩你的朋友。（+15分）

（9）曾诚心诚意地向别人道过歉。（+5分）

（10）不太受媒体的影响，比如一些流行的观点等。（+10分）

2. 不利于创业的减分因素

（1）在一个岗位干一段时间就会发现许多问题，觉得这个工作不值得干下去。（-20分）

（2）对同事间分配的不平衡很愤怒，极大挫伤了工作热情。（-15分）

（3）老板不把工资提到相应的幅度就缺乏工作动力。（-10分）

（4）喜欢时尚，热衷名牌，醉心于广告的魅力并成为其牺牲者。（-10分）

（5）对自己最亲近的人（如父母、夫妻）的一些缺点总是看着刺眼，遇到类似的问题时总会吵架。（-10分）

（6）对自己的孩子、侄子等缺乏耐心。（-5分）

（7）对流行的"对自己好一点儿""率性而为"等观点非常认同。（-10分）

（8）没有某种长期的、比较鲜明的爱好。（-10分）

3. 自测结果

如果得分在80分以上，说明比较适合自主创业；如果得分在60分以下，说明不适合自主创业。当然，即使当前得分在60分以下，但经过一段时间，情况发生了变化，也可能由不适合自主创业变为适合自主创业。

5.2.2　物的因素

物的因素是创业过程中不可缺少的条件。一个生产型企业需要拥有原料、设备、工具、厂房以及运输工具等才能生产出产品。在创业过程中，物的因素主要包括以下内容。

1）资金

世界各国为了鼓励创业活动的开展，纷纷降低了对新企业注册资金方面的要求和限制，中国也在1999年将个人独资企业的注册资金降到1元，这只是一个象征性的标准。但是，创业所需要的资金远不止这些，技术（或专利）、生产设备、原材料的购买及人员的招募等都需要大量资金。

2）技术

新企业中技术含量的提高已经成为一个趋势。从硅谷到中关村，在新企业推出的产品中，高技术产品所占的比例越来越高。2003年，非典型性肺炎在中国肆虐，为了遏制这种传染病的传播，有必要对患者和疑似病人进行隔离，而判断是否需要隔离的一个重要标准就是体温，因此，市场上急需能够在瞬间测试体温的仪器。中关村一家创业不久的企业及时捕捉到这一信息，并依靠先进的技术占领了这个市场，使企业规模迅速发展壮大。

3）原材料和产品

对于生产型企业而言，从原材料到产品，存在一个由投入到产出的过程。

4）生产手段

介于投入和产出之间的是一个"处理器"，对于企业而言，这种处理器就是生产手段，包括设备、工艺以及相关人员。

5.2.3　社会因素

社会因素也是协作体系的一个重要组成部分，创业过程中的社会因素包括两个方面的含义。

1）创业活动要得到社会认可

改革开放以来，创业活动得到了蓬勃的发展，一个重要的原因在于社会对创业活动的认可。创业是一个高风险、高回报的活动，如果得不到社会的认可，创业活动不可能顺利进行。

2）创业要符合社会发展的要求

企业为社会提供某种产品或服务，是企业成立和生存的根本。企业需要通过事业来完成社会使命，如果事业得不到社会的认可，说明它已经没有存在的价值。

5.2.4　组织因素

组织因素是协作体系的核心，只有通过组织的作用，才能创造新的价值。人是所有的管理因素中唯一具有能动性的资源，但是这种能动性要通过组织来实现。组织因素具有以下功能。

1）决策

决策是创业活动中的一项重要职能，决策既包括对创业目的的规定，也包括对实现目的的手段的决定。从创造价值的角度上讲，对创业目的的规定显得尤为重要，因为它决定着创业活动的方向，甚至影响企业的发展。

2）创建组织

创业通常由一个团队来进行，因此，需要对团队进行组织和管理。通过分工与协作，有条理地完成创业的相关活动。创建组织既包括组织结构的构建，又包括沟通体系的形成。

3）激励员工

创业需要最大限度地发挥现有人力资源的作用。那么，对参与创业者的激励就成为创业活动的一项重要内容。"人心齐，泰山移。"充分调动人的积极性能够产生一种合力，增加创业团队的凝聚力。

4）领导

巴纳德（Barnard）认为，领导的作用在于能够创造新的价值。对于创业活动而言，领导的作用没有任何其他因素能够取代。

一位美国学者将创业的要素归纳为 9 个以"F"开头的要素，并命名为"成功企业的 9F 要素"。这些要素分别是：创办人（Founder）、抓住重点（Focus）、决策迅速（Fast）、机动灵活（Flexible）、不断创新（Forever Innovating）、精简机构（Flat）、精打细算（Frugal）、待人友好（Friendly）、充满乐趣（Fun）。

5.3　创业类型

人们的创业活动是多种多样的，对创业进行分类是比较复杂的。

5.3.1 根据创业的目标分类

根据创业目标的不同,创业可以分为3种类型:自主创业、脱胎创业和二次创业。

1)自主创业

自主创业又称独立创业,是指创业者个人或创业团队白手起家进行创业。自主创业可能基于各种原因,如自己有了发明创造成果,并发现其商业价值,独立性强;不愿为别人打工;有条件创业又抓住了创业机会;受其他人自主创业成功的影响等。自主创业获得成功的例子不胜枚举,一些赫赫有名的企业家都是自主创业发展起来的。

对创业者来说,选择自主创业的道路是充满挑战的。在自主创业的过程中,创业者的智商、情商和财商可以得到最大限度的发挥。创业者可以接触各类人物,从事各类工作,经历各种感受,而不是固定地、日复一日地从事单调乏味的工作。创业成功,可以获得大量的财富,实现更高的需求,而不是在就业和择业的循环中消磨人生。独立创业的魅力,让许多人跃跃欲试。

但是,自主创业的难度和风险较大,因为创业者往往缺乏足够的资源、经验和支持。资源需要费尽周折地筹集,经验需要在成功与失败的实践中积累,来自各方面的支持十分有限。在自主创业的企业中,有一部分企业成功了,带来了成功的喜悦和成就感;而另一部分企业却失败了或发展缓慢,给创业者带来了失败的打击和挫折感。

2)脱胎创业

脱胎创业是公司内部的管理者从公司中脱离出来,新成立一个独立企业的创业活动。脱胎创业又称母体脱离创业,这种创业者拥有创业所需的专业知识、经验和关系网络,生产同原公司相近的产品,或提供类似的服务。

脱胎创业的频繁程度与产品所处的生命周期和行业类型有关,脱胎创业更多地发生在产品生命周期的早期阶段和新兴行业中,因为这时产品供不应求,竞争还不激烈,市场空间很大,预示着巨大的商业机会,美国硅谷和北京中关村就有很多脱胎创业的例子。

脱胎创业的成功与否与创业者筹集资金和组建团队的能力密切相关,寻求资金支持是脱胎创业的创业者面临的最大挑战之一。因为脱离母体的创业者,往往只是某一个方面的专家,最常见的是技术专家或营销高手,他们欠缺其他方面的管理技能,这就需要组建一个高效的创业团队来各尽其职、各显其能地进行创业活动。

3)二次创业

二次创业是指企业内的创业。现在的大企业已经不是创业热潮中的旁观者和被动的应对者,甚至一些知名的大公司,也在积极寻找和追逐新的、有利可图的创意和商业机会。在这种情况下,就会出现二次创业。

5.3.2 根据创业领域分类

根据创业领域的不同,创业可以分为科技创业、贸易创业和服务创业,即分别在科技、经贸和服务领域内的创业。大力鼓励和引导在科技、贸易和服务方面创业,对中国经济的发展具有重要的作用和意义。

经典案例

哈佛大学 MBA 课程对创业进行的分类

美国哈佛大学 MBA 课程将创业分为以下 4 种类型。

1. 复制型创业

复制型创业是指复制原公司的经营模式,延续创业者在原公司的流程。虽然这类复制型创业在社会中出现的比例较高,但科技创新贡献率较低,缺乏创业精神的内涵,不是创业管理主要研究的对象。这种类型只能称为"如何开办新公司",很少会被列入创业管理课程中作为学习的对象。

2. 模仿型创业

如某家装公司的经理辞掉工作,开设一家咖啡店。这种创业,虽然创新成分很低,但是与复制型创业的不同之处在于,创业过程具有一定的不确定性,学习过程长,犯错机会多,创业成本较高。创业者能否成功,取决于创业者是否具有适合的人格特性,是否经过系统的创业管理培训,能否掌握正确的市场进入时机。

3. 安定型创业

企业内部创业即属于这一类型。例如,研发单位的某小组在开发完成一项新产品后,继续在该企业开发另一项新产品。这种类型的创业,虽然具有一定的创造价值,但对创业者而言,本身并没有面临太大风险和改变,做的也是比较熟悉的工作。这种创业类型强调的是创新意识和创业精神,而不是新组织的创造。

4. 冒险型创业

冒险型创业是一种难度很高的创业类型,比较典型的是高科技创新创业。对社会而言,高科技创新创业不仅具有很高的科技创新贡献,给创业者本身也带来极大改变,同时,个人前途命运的不确定性也很高,创业之路面临很高的失败风险,可一旦成功,所得的回报也很惊人。这种类型的创业者要想获得成功,必须在创业能力、创业时机、创业精神、创业管理、创业模式和创业策略等方面具备很好的素质和潜质。

5.3.3　几种主要的创业类型

1）"逼上梁山"型

随着我国改革开放的不断深入,新型行业快速发展,以前在传统行业或其他行业工作的人们面临改行或改变自己的需要,不得已进入其他行业或职业,重新创业或就业,这种创业类型称为"逼上梁山"型。

2）遗传型

所谓遗传型创业,是指创业者受到自己前辈的影响而走向了创业之路。

3）把握政策型

把握政策型创业者往往对国家的政策比较感兴趣,进而产生创业灵感。

4）无心插柳型

无心插柳型创业者本来无意创业,但出于种种原因,他们走向了创业之路,并获得成功。

5）科技型

科技型创业者往往因为自己掌握了某种独特的技术,并依托此技术优势进行创业。

6）规划型

规划型创业是指自己在创业前有比较好的规划,通过不断努力,逐步实现创业。这种类型的创业者往往意志坚定,有很好的职业规划,具有不达目的不罢休的个性特点。

5.4　创业过程

创业是创建一个新企业的过程。像所有的有机体一样,企业也存在一个生命周期。换句话说,一个企业要经历从筹备到建立、起步、发展、成熟、衰退乃至灭亡的过程。尽管每个创业者都希望自己创建的企业基业长青,但更多的企业却在成长过程中夭折,能够称得上"百年企业"或者"老字号"的企业更是凤毛麟角。因此,在创业过程中,要注重企业成长的内在规律,根据企业各成长阶段的特点实施有效的管理。

5.4.1　新企业各成长期的划分

新企业的成长阶段是指从筹备到成熟之前的各个时期,可以分为种子期、幼年期、成长期和成熟期。各阶段不仅具有不同的特征,而且所承担的任务和可能存在的风险各不相同。

5.4.2 创业的过程

企业的成长是一个连续的过程,很难在时间上严格地区分各个阶段,也很难预测从创业到守业的转折点。为了便于理解,不妨将创业过程理解为企业从萌芽期向成熟期过渡的过程,这个过程可以划分为4个阶段:创业机会的识别、企业的创建、管理体系的形成和新企业的发展。

5.4.3 创业过程的本质

1)创业过程具有发展性

创业过程是一种生产活动,创业过程以提供产品或服务作为活动的直接结果。创业区别于一般生产活动的地方,在于创业的发展特性。就创业本身来讲,创业既可以是从无到有的创造,也可以是在现有基础上的革新,但无论是创造还是革新,创业的内涵都是一个从无到有、从弱到强、从幼稚到成熟的过程。发展是创业过程最重要的特性,成功的创业都有快速稳健的发展过程,维持创业企业的健康发展是创业重要而基本的任务。

创业过程的发展性还在于其增值效果。增值是生产的必然属性。没有增值,生产就没有意义。利润是市场法则,没有利润,企业就不能生存。在市场环境下,利润和增值是事物的现象和本质,是形式和内容的关系。利润必须以增值为基础,才有可能长久存在和发展,增值必须通过利润来体现才能生存。创业需要相关资源,资源是创业的基础,创业的直接结果是产出,产出可以是产品,也可以是服务,但都必须是有用的,或者说是有使用价值的。创业必须增值,作为市场行为,创业必须获取利润,创业的直接目的是增值,没有增值,创业过程就没有意义。

📖 经典案例

李儒雄的发展历程

李儒雄,1966年生于湖北省洪湖市。1994年,李儒雄参与创办连邦软件销售连锁组织,是连邦软件公司5位创业股东之一,前期担任公司副总裁,2001年,出任公司总裁,被评为第一届"中国软件行业杰出青年"。

1994年6月,苏启强、李儒雄等5位股东在北京创建了连邦,连锁经营模式在中国本土上迈出了试验性的步伐。李儒雄先在老家武汉电子一条街的核心地段建立了软件专卖店。这是连邦最早的3家专卖店之一,至年底结算时已经略有盈余,成为连邦内部最先开始盈利的专卖店。1995年,李儒雄在分管市场发展工作期间,1年内,连锁店的数量由16

家增加到 48 家。1999 年 9 月,李儒雄任公司常务副总裁,提出互联网时代软件连锁组织需要进行战略转型:一是构建 B2B 电子商务平台和信息产品服务平台;二是推动连邦上市,接通资本市场。

2)创业过程是一个系统工程

创业的实现是一个复杂的过程,创业者创立的企业是一个投入产出系统,即投入资源,产出产品与服务。创业的过程就是不断地投入资源,以连续地提供产品和服务的过程。能否以最少的资源获得最大的产出,使企业具有竞争力并盈利,是衡量创业活动成效的标准之一。

创业过程一般包括以下步骤:识别和评价创业机会、拟定创业计划、确定和获取创业资源、管理和发展企业以获得创业价值。创业过程的每一个阶段又可能同时蕴含着其他阶段的内容,各阶段相辅相成、不可分割,有机集成的创业才是有效和成功的创业过程。

创业是一个系统工程,创业是由多个创业要素组成的复杂系统。创业是由商机驱动、工作团队和资源 3 个要素保证的。创业过程始于商机而不是钱、战略网络、团队或商业计划。在创业一开始,真正的商机要比团队的才干、能力或适宜的资源重要。创业团体的作用是利用自己的创造力,在模糊、不确切的环境中发现商机或者创造商机,并利用资本市场、环境、外生因素等组织资源领导企业实现商机的价值。在这个过程中,资源与商机是"适合—存在差距—适合"的动态过程。

3)创业过程是一个不断学习的过程

创业活动的模糊性、不确定性和风险性,使得工作团队一开始就要注重学习,学习掌握市场规律,学习组织协调创业资源,学习生产经营管理,学习塑造企业文化,等等。学习的目的在于提高创业团队的素质,使他们不仅有能力对机会和挑战做出反应,而且能根据这种反应的结果调整和修正未来的思路。

成功的创业过程必然是一个不断向社会和他人学习的过程,有作为的、与时俱进的创业团队必然是一个学习型组织。

模块 6

创业能力

创业是极具挑战性的社会活动，是对创业者自身智慧、能力、气魄、胆识的全方位考验。高职生要想获得成功，必须具备基本的创业能力素质。

 # 6.1 创业者的学习能力

在商业竞争日趋激烈的今天，创业者面临着更新观念、提高技能的挑战，因此需要终身学习。衡量创业成功的尺度是创新能力，而创新来源于不断地学习。不学习、不读书就没有新思想，也就不会有新策略和正确的决策。孔子曰："朝闻道，夕死可矣。"正是终身学习的最佳写照。

在创业者应具备的能力素质中，学习能力是其他能力的基础。学习能力就是学习的方法与技巧（并非学到什么东西）。只要有了方法与技巧，学到知识后，就会形成专业知识；学到执行的方法与技巧，就能形成决策能力；学到创新的方法与技巧，就能形成创新能力；学到与人交往的方法与技巧，就能形成人际交往能力。由此可见，学习能力是所有能力的基础。高职生以学习为主，学习是高职生永恒的主题，是高职生活的中心内容，出色地完成学习任务是高职生的天职。学习能力是高职生的核心竞争力，是高职生解决创业问题的最本质的能力，也是高职生在创业过程应掌握的基本素质。

6.1.1 学习能力的含义

什么是学习能力呢？学习能力一般指获取知识的能力，包括对知识的接受、转化与应用能力，也就是通常所说的"会学"。只有"会学"，才能"学会"，从而不断提高学习能力。一般来说，学习能力会在很多种基本活动中表现出来，如观察力、记忆力、抽象概括能力、注意力、理解能力等。另外，还要用观察技巧和新的参与体验把新知识融入已有知识，从而改变已有的知识结构。

在现实生活中，可以观察到有人学得很快，有人却学得既慢又辛苦，其原因何在？关键就在于能使用正确的方法学习。有了正确的方法，学习将会事半功倍，能力、知识的成长也会加速。一个人的学习能力往往决定了一个人的竞争力，也正因为如此，无论是对于个人还是对于组织，未来唯一持久的优势就是有能力比竞争对手学习得更多、更快。一个组织如果想要在激烈的竞争中立于不败之地，它就必须不断地有所创新，而创新来自知识，知识来源于人。因此，管理大师德鲁克说："真正持久的优势就是怎样去学习，就是怎样使自己的企业能够学习得比对手更快。"

学习也是一种生存能力的表现。专业能力需要通过不断学习，不断提升技能，刺激学习能力。无论处于职业生涯的哪个阶段，都不应该停止学习，因为在职业生涯发展中，创业者需要胜任工作的能力和能够迅速取得新能力的方法。为了求生存、求发展，每个人必须不断学习那些自然和本能没有赋予的生存技术,而为了取得新的生存技术就必须不断学习。如果停止学习,必定会落后于人。在当今社会,落后就会被淘汰。

6.1.2　学习能力的内容

学习能力包含 3 个方面的内容:一是培养发现问题和解决问题的能力;二是收集、分析和利用信息的能力;三是学会分享与合作。学习能力表现在 4 个方面:意识、动机、习惯;获取、分析和利用信息的能力;评价和反思;表达能力。因此,学习能力中有 3 点特别重要:一是怎样迅速、充分、有效地选择、存储和获取所需信息;二是怎样利用它来解决问题;三是怎样打破常规,对信息进行重新组合,利用它来创造新点子。据调查,现在的高职生学习能力普遍较弱,尤其是知识获得与应用能力、学习过程自我监控能力、学习资源管理与应用能力都有很大的提升空间。高职生应该具备的学习能力分为以下 3 点。

1)"点金术"

学到"点金术"比得到金子更重要。"金子"是现成的东西,"点金术"是认识活动和创造活动的产物。接受"金子"往往是机械的,而"点金术"的获得,则要进行一番智力活动。它们是两种截然不同的学习方法:一个是被动地接受教师传授的知识;另一个是积极思考,勇于探索,对所学知识举一反三。高职生在校时,如果能获得"点金术"的本领,今后不断地更新知识,尽快地适应工作是非常重要的。

2)先博而后精

这里讲的先博而后精,是指在大学生活中,大一、大二阶段要重视开拓视野,打好基础。大三阶段则要有选择、有重点、有目的地学习。因为,从现代科学知识的构成来看,自然科学和社会科学相互浸透,边缘科学不断出现,一种知识结构往往与许多学科的基本知识相关。同时,高职生毕业后所要从事的实际工作没有固定的模式。因此,在校应该打好广博的知识基础,要重视选修课的学习。对这一点,许多已经从事工作的毕业生深有体会。实际工作中,常常需要我们综合许多方面的情况,这些情况所涉及的知识,绝非目前大学所设科系中某一科能全都包揽的。

3)积极地接触社会

一般适应工作较快的人,都很重视对社会的调查、了解和实践,有意识地为将来的工作打下良好的基础,即注重社会经验的积累。教材具有一定的稳定性,不可能及时反映最新的学科成就,书本知识与现实生活必然存在一定距离。因此,置身社会,能够帮助高职生学到书本上没有的东西,有助于高职生根据社会的需要扩充和缩减某些学习的内容。

6.1.3　学习能力表现

学习能力表现可以分为 6 项"多元才能"和 12 种"核心能力"。

1）6 项"多元才能"

知识整合能力、社交能力、心理素质、团队合作、理财能力、策划与决策能力。

2）12 种"核心能力"

注意力、观察力、记忆力、思维力、想象力、创造力、理解力、语言表达、操作能力、运算能力、听觉能力、视觉能力。

要养成良好的习惯，塑造优良的品德，学习更多的知识，掌握更多的技能，成为独立自主、思维卓越的人才，就应该在 6 项"多元才能"与 12 种"核心能力"方面实施有效的提升，让自己终身受益并坚持可持续发展，实现从平凡到优秀再到卓越的人生跨越。

6.1.4　如何提高学习能力

学习的过程，应当是用脑思考的过程，无论是用眼睛看、用口读，还是用手抄写，都是辅助用脑的手段，关键还在于用脑子去想，学会用心。例如，要想记单词，如果只是随意地浏览或漫无目的地抄写，也许要重复很多遍才能记住，且不容易记牢。如果能充分发挥自己的想象力，运用联想的方法去记忆，往往可以记得很快，而且不容易遗忘。现在很多书上介绍的快速记忆英语单词的方法，也都是强调用联想的方法。由此可见，如果能做到集中精力，发挥大脑的潜力，一定可以大大提高学习效率。

有些学生进入了大学校门，仍然采用中学时期的学习方法，虽然付出相当多的时间和精力，仍然事倍功半，成绩不好，产生自卑感，有的甚至因此对学习产生恐惧感和厌恶感。在大学的学习阶段，学生除了要有刻苦钻研、坚韧不拔的精神外，还需要掌握科学的学习方法。什么是科学的学习方法？学习方法是实现学习目的、取得学习成果的桥梁和手段，在整个学习生活中占据着重要位置，有效的学习方法可以使学习达到事半功倍的效果。必须注意的是，学习方法一要以提高学习效率为标准；二要因人、因课程而异。

1）基本的学习方法

（1）掌握读书的技巧和艺术

大学的学习不光是完成课堂教学的任务，还需要在有限的时间里，多读一些与学业及自己的兴趣爱好有关的书籍来充实自己。对于有创业想法的同学，自学一些与创业有关的书籍是必要的。

要学会在众多书籍中，选取必读的书，这就需要读书的艺术。首先，确定读什么书。其次，对确定要读的书进行分类。一般来讲，可以分为 3 类：第一类是浏览性质；第二类是通读；第三类是精读。正如"知识就是力量"的提出者培根所说："有些书可供欣赏，有些书可以吞下，不多的几部书应当咀嚼消化。浏览可粗，通读要快，精读要精。"这样就能在较短的时间里读很多书，既广泛地了解最新的科学文化信息，又能深入研究重要的理论知识。

（2）学会安排时间

高职生要学会科学合理地利用时间，提高学习效率。在《有影响力的领导者的七大习惯》一书中,作者以"重要、不重要"作为横向坐标,以"紧迫、不紧迫"作为纵向坐标,建立一个坐标系,这个坐标系由4个象限组成:重要而且紧迫、不重要而紧迫、不重要且不紧迫、重要而不紧迫。总是做重要且紧迫的事的人,常常有很多剩余时间,做完"正事"后,他们有很多时间去做其他的事。在大学的学习过程中,很多同学往往分不清主要和次要的关系,浪费了宝贵的时间,最后很可能一事无成。因此,高职生必须学会合理安排时间,巧妙运筹时间。

（3）学会利用现代化学习工具

信息手段决定人们获取信息量的大小和学习的模式,影响学习的效率。计算机网络提供了非常灵活的学习环境和工作环境,高职生要学会使用现代信息和传授技术,使学习达到事半功倍的效果。但是,目前存在的一个现实问题就是部分高职生仅仅把计算机网络当作娱乐的工具,甚至深陷其中无法自拔,这就埋没了现代化学习工具的优势。因此,高职生一定要合理利用计算机网络。

（4）总结经验,善于交流

人不能只一味地学而不回头去总结归纳。俗话说:"温故而知新。"这样才能在学习过程中取得意想不到的效果。在经过一定时间的学习后,应当及时总结,反思自己的学习方法是否得当,效果如何。当然更不能封闭地学习。"独学而无友,则孤陋而寡闻。"及时与他人沟通、交流,相互启发。

2）自我改进学习法

（1）SQ3R法

罗宾生提出的SQ3R法是提高学习效率的一种好方法。SQ3R是由Survey,Question,Read,Recite,Review这5个单词的第一个字母缩写而成的。

①概览（Survey）。即概要性阅读。当你要读一本书或一段文章时,你必须借助标题和副标题知道大概内容,还要抓住开头、结尾和段落间承上启下的句子。这样一来,你就有了一个比较明确的目标,有利于进一步学习。

②问题（Question）。即学习时,要把注意力集中到人物、事件、时间、地点、原因等基本问题上,同时,找一找自己有哪些不懂的地方。如果是学习课文,预习中的提问可以增加你在课堂上的参与意识。如果在研究一项课题时,你能够带着问题去读有关资料,能够做到有的放矢。

③阅读（Read）。阅读的目的是找到问题的答案,不必咬文嚼字,应注重对意思的理解。有些书应采用快速阅读法,这有助于提高你的知识量;有些书则应采用精读法,反复琢磨其中的含义。

④背诵（Recite）。读了几段后,合上书,想想前面究竟讲了些什么,可以用自己的语言做一些简单的读书摘要,从中找出关键词,采用精练的语言把思想归纳成几点。这样做既有助于记忆、背诵或复述,又有助于提高表达能力,使思维更有逻辑性。这种尝试背诵的方法比单纯重复多遍的阅读方法效果更好。

⑤复习（Review）。在阅读了全部内容之后,回顾一遍是有必要的。复习时,可以参考笔记摘要,分清段落间每一个层次的不同含义。复习最主要的作用是避免遗忘。一般来说,及时复习是最有效的。随着时间的推移,复习可逐渐减少,但经常性地复习有助于使学习效果更巩固,所谓"拳不离手,曲不离口",就是此意。

（2）自我塑造法

上面介绍的 SQ3R 法是一种学习方法,仅能够解决方法缺乏引起的学习上的问题。对于其他原因引起的学习问题,还需要综合考虑,运用其他方法,自我塑造法就是一种综合法。

①选择一个目标。通过对学习效率低的原因进行分析,找出自己的症结所在,但对改变它不可性急,而应首先选择其中较为可行的项目重点突破。某些学生在接受长辈的教训后,立即制订一个宏大的学习计划,其实这种计划十有八九是执行不下去的。例如,有些人在学英语时,有一天忽然下决心要从阅读原版小说入手,于是借了一部世界名著《马丁·伊登》,并且向朋友宣布,要花一个月时间啃下此书。结果,他连第一页都没能读完,因为里面的生词查不胜查。后来,他选择了比较适中的学习目标,先从世界名著简写本入手,结果越读兴趣越浓,不再视英语为敌了。

②实行新的学习程序。如果自己的症结是行为拖拉,为克服这个缺点,就应该给自己定一个规则,每天不完成预定的任务不睡觉。如果自己的缺点是注意力不集中,那么,就应该分析注意力不集中的原因。如果在寝室读书注意力不集中,则应责令自己到教室里去读。如果读半小时后注意力仍然无法集中,则应略为休息一下,或改变一下学习内容。如果对读书不感兴趣,则首先努力去读自己感兴趣的书或改变单调枯燥的读书方法,将读书与工作、娱乐、陶冶性情结合起来,或者给自己的学习一定的奖励。坚持一段时间后,随着良好习惯的养成,学习兴趣就会逐渐变得浓厚。

当然,关于学习方法的总结,见仁见智,究竟是否适合自己,可以在别人积累方法的基础上进行提炼总结,也可以在入学之后多与相近专业的（最好是相同专业）学习能力强的学长深入交流。两点之间直线最短,少走弯路就会抢得先机。

拙劣的方法会阻挠才能的发挥。法国生理学家贝尔纳说过:"科学中难能可贵的创造性才华,由于方法拙劣可能被削弱,甚至被扼杀。而良好的方法则会增长、促进这种才华。"历史的经验也告诉我们,任何一个领域的成功者必然有一套行之有效的学习方法和研究方法,得其法者事半功倍,失其法者事倍功半,甚至劳而无功。

 # 6.2　创业者的决策能力

作为创业者,成功的经营取决于决策,决策在经营中非常重要。一个单位经营的决定性环节是决策,美国著名的管理学家西蒙曾经提出"管理就是决策"的著名论点。中国历史上有名的决策"隆中对",就是刘备三顾茅庐,请诸葛亮出山时,后者为前者所做的决策。

决策能力是企业能否持续发展的最为关键的一步,也是一个人能否成功的关键,无论是作为一个领导者还是一个普通的人,你的人生道路都离不开决策。决策能力往往影响你的一生。一件事情做不做,什么时候做,该怎么做,都要果断做出决策。决策晚了,机会就没有了;决策错了,全盘皆输。决策水平的高低对企业的成败影响巨大,据美国兰德公司估计,世界上破产倒闭的大企业,85%是因企业家决策失误造成的。因此,要想做一个成功的人,尤其是一个成功的创业者,就应该时刻注意培养自己的决策能力。

6.2.1　什么是决策能力

决策就是为了到达一定目标,采用一定的科学方法和手段,从两个以上的方案中选择一个满意的方案进行分析、判断的过程。决策能力是创业者根据主客观条件,因地制宜,正确地确定创业的发展方向、目标、战略及具体选择实施方案的能力。决策是一个人综合能力的表现,一个创业者首先要成为一个决策者。

高职生要创业,首先要在众多的创业目标和方向中进行分析比较,选择最适合发挥自己特长与优势的创业方向、途径和方法。在创业过程中,能从错综复杂的现象中发现事物的本质,找出存在的真正问题,分析原因,从而正确处理问题,这就要求创业者具有良好的分析能力。所谓判断能力,就是能从客观事物的发展变化中找出因果关系,并善于从中把握事物的发展方向。分析是判断的前提,判断是分析的目的,良好的决策能力是良好的分析能力加果断的判断能力。

6.2.2　决策能力的构成

决策能力主要由以下几个方面构成。

1)开放的提炼能力

开放的提炼能力是指创业者能以开放的态度,准确、迅速地提炼出解决问题的各种方案的能力。首先,创业者要以开放、包容的思想和态度获取尽可能广泛的决策方案,特别是不要局限于传统的解决办法,要善于用逆向思维来判定决策方案。其次,对各种决策方案要进行提炼,以把握各种方案的本质和核心,正确地评估每个方案的条件和效果,分析各种方案实施的可能性。

2)准确的预测能力

决策与预测是密不可分的,创业者要具备卓越的决策能力,首先应具备准确的预测能力。预测是决策的基础,决策是预测的延续,正确的决策必须要有准确的预测,如果没有准确的预测,会导致决策失误。预测是为企业的决策提供准确的资料、信息和数据,在正确预测的基础上,选择符合企业发展的满意方案。

3）准确的决断能力

决断能力是创业者从众多的决策方案中选取满意方案的能力，以及危急时刻或紧要关头当机立断的决断能力。这种能力是创业者进行科学决策的关键能力，误选、漏选会使企业造成重大损失或使企业与成功失之交臂。对此，创业者必须把握以下几个主要标准：一是所选方案实施的条件要具备。如果条件不具备，则要弄清获得该条件的代价是什么。二是所选方案与企业的宗旨和决策目标相符，如果相符则不可取。三是所选方案能够被受益人及相关利益人接受。四是所选方案能够被决策方案的执行者所接受。好的决策方案只有执行和实施后才能达到最终的目的。因此，要注意决策方案的可接受性。五是正确评估决策方案的风险。有些创业者在选取决策方案时只看到"乐观"的一面，没有考虑环境变化的可能性，这种"乐观"情绪往往会给企业造成重大损失。

6.2.3　培养决策能力的注意事项

在培养决策能力的同时应注意以下事项。

1）克服从众心理

从众心理是指个体对社会的认识和态度常常受到群体对社会的认识和态度的左右。从众行为者的意识深处考虑的是自己的行为能否被大众所接受，追寻的是一种安全感。从众行为者认为群体的规范、他人的行为是正确的时候，就会表现出遵从；当他认为群体的规范、他人的行为并不合适，而自己又没有勇气反抗时，就会被动地表现为依从。从众心理很强的人容易接受暗示，他们依赖性强，没有主见，人云亦云，容易迷信权威和名人，常说违心的话，办违心的事。决策能力强的人，能摆脱从众心理的束缚，做到解放思想、冲破世俗，不拘常规、大胆探索，因此，他们能独具慧眼，发现一般人不能发现的问题，捕捉到更多的成才机遇。

2）增强自信心

拥有自信心是具有决策能力者明显的心理特征。没有自信就没有决策。增强自信心首先要有迎难而上的胆量。其次，要变被动思维为积极思维。"凡事预则立，不预则废。"平时善动脑筋，关键时自然敢做决定。再次，要培养自己的责任感和义务感，跳出个人的小天地。最后，平时交往中，注意选择那些有自信心、敢作敢为的人，时间长了，看得多了，你必然会受到积极的影响。

3）决策勿求十全十美，注意把握大局

做事勿求十全十美，不想有任何挫折或失误，只能作茧自缚。能够识大体，把握大局，权衡出利弊得失，当机立断，才能尽快达到自己理想目标。持之以恒，你的决策能力和水平就会很快提高。

6.2.4　提高决策能力的途径

1）养成做决策的习惯

决策需要承担风险，开始决策时难免做出错误的选择。但是，只要在51%的时间里判断正确，就总比无所事事强得多。要养成思考设疑的习惯，对日常工作中遇到的每个问题多问几个"为什么"，考虑这样处理还会出现什么问题，然后从实际出发逐一加以解决。经常思考设疑，不仅会防止决策工作中的简单草率，长此以往，会逐渐激发创造力。通过多次实践会提高判断力，提高做出正确决策的能力。最终，大部分时间所作的决策准确无误。

2）尽快获取最佳信息材料

如果指望在获得足够多的信息量后才作决策，那么，只能是无限期的"守株待兔"。要善于搜集相关信息，并对这些信息进行正确的分析与评价。做决策时，只需要依据那些最精练、最有用的信息。

3）尽可能多地提出各种不同方案以供选择

不要期望能够找到"最优"方案。只需尽其所能，多找出一些解决问题的方案，并依其价值进行排序，从中选择尽可能好的方案。

4）利弊权衡法

可以把各种方案的利弊写在纸上，有利因素列在纸的左边，不利的因素列在右边。用这种方法比较利弊得失，简单明了，非常便于做出决策。

5）规定做出决策的最后期限

把问题的核心部分写下来，收集和分析有关这一问题的信息材料，给自己规定拿出决策的最后期限。这样做有助于解决过分偏重分析研究而一直畏缩不前的问题。要知道，一个善于决策的人，不是对事情有了百分之百的把握再去决策。决策总带有一定的风险，事情都清楚了才去"决策"，算不上决策。条件完全具备之际，往往是最佳的机会消失之时。一味追求完善，就会错失良机。

6）立即采取行动

对待未来，没有现成的答案。每个方案在最初时都难免存在缺陷。对将要做的事做出决断，然后立即动手做，在行动中不断完善方案。

 # 6.3　专业技术能力

创业者常常一开始就会迫不及待地自问："我应该怎样选择创业项目，做什么生意最赚钱?"其实答案很简单:哪行有把握就干哪行,这也决定了创业者创业的成功。道理很简单,最懂的行业是最适合的创业项目,选到适合自己的创业项目,自然而然更容易赚钱。因而,创业者要懂所选行业的专业知识技能,这是创业成功的前提和保证。常言道:"人怕入错行。"创业最大的错误可能在于创业者没有弄清楚自己所要选择的行业就贸然行动。一般来说,创业者的专业知识技能指的是从事某种行业涉及的生产领域和销售领域的知识技能。

6.3.1　什么是专业技术能力

什么是专业?专业是指人类社会科学技术进步、生活生产实践中,用来描述职业生涯某一阶段、某一人群用来谋生和长时期从事的具体业务的作业规范。专业是社会分工、职业分化的结果,是社会分化的一种表现形式,是人类认识自然,社会达到一定深度的表现。而专业技术能力是指创业者掌握和运用专业知识进行专业生产的能力。专业技术能力的形成具有很强的实践性。许多专业知识和专业技巧要在实践中摸索,逐步提高、发展、完善。创业者要重视创业过程中知识的积累和专业技术方面经验的积累,以及职业技能的训练。对于书本上介绍过的知识和经验,在加深理解的基础上予以提高、拓宽;对于书本上没有介绍过的知识和经验要探索,在探索的过程中要详细记录、认真分析,并进行总结、归纳,上升为理论,形成自己的经验特色并积累起来。只有这样,专业技术能力才会不断提高。创业者在工作中不需要事事俱备、面面俱到。但是,熟练的专业知识、精湛的专业技能却是保证自己在业内游刃有余的必备条件,对于从零开始的创业者来说更加重要。

6.3.2　如何在大学期间提升专业技术能力

1）正确认识专业技术能力是一种个人的特性

专业能力是指与专业知识、专业技能和专业素养等相关的基础性的职业能力。职业能力是指个体成功地解决现实问题或完成一定的任务的能力。高职生在校期间,应了解专业能力不仅取决于学校教育的结果,而且取决于在工作领域的学习结果及在非正式的教育活动和日常生活里的学习结果。因此,在进入大学的时候,不要总是埋怨大学条件不好或者师资不怎么样,知识因素只是专业技术能力的一部分而已,不是全部。要把大量的时间用于提高自己的认知能力,针对自己职业能力某些不足的方面进行强化。如果觉得在自然状态下要花费很多的时间,可以通过有针对性的培训来充实自己,如通过培训提升自己的对事物的认知能力等。

2）夯实专业理论根基

（1）厚基础

要实现培养高职生更好适应创业的目标,首先要让高职生夯实自己的基础知识。这样,在学习和掌握专业技能时才能得心应手。基础理论知识包括两大类,即文化科学知识和专业基础知识。高职生在校期间,通过提高文化素质并为专业基础知识的学习做好准备,用各门学科的基础知识、基本技能和技巧武装自己,为自己打下坚实的创业基础。

（2）宽口径

随着生产力的发展和经济水平的提高,市场已不再满足于创业者只具有一技之长。随着新兴高科技的发展、科技进步周期的不断缩短和传统产业结构的调整,随着科学知识的综合化趋势,传统学科体系及行业的界限被打破,创业者需要具备宽厚的智能基础。为适应市场竞争的需要,创业者必须以基础知识为主,同时,学相近专业的基础知识,扩大就业口径,成为复合型人才。许多大类专业有着共同的基础知识,如电子电器类的视频、音频设备维修工、制冷、电热器具维修及电子装配工都拥有相近的基础知识;财会类专业的会计、金融、统计、税务等也具有相近的专业基础课程。高职生应打破专业限制,从主修的专业中走出来,积极参与兴趣所指的每一个活动场地,提高自身的综合素质。

3）强化专业能力实践训练

中国的经济发展既需要先进的科学技术,又需要精湛的工艺制作水平。工艺水平的提高有赖于创业者的专业技能水平。因此,高职生创业者专业技能素质的养成对专业技能训练和实践训练起着决定性的作用。如何强化专业技能训练的实践训练呢？在思想认识上要切实提高,加强动手能力,走出教室,使专业技能实践训练常规化、规范化。高职生必须发挥自己的主体作用,提高自身的专业能力水平。

（1）全面掌握专业知识

专业知识是形成专业技能的前提条件。掌握了专业知识,就具有了专业技能的表象,从而能正确进行操作训练。

（2）熟练掌握操作要领

专业技能是由各个操作环节组成的。要掌握专业技能,就要掌握环节的操作要领。学习操作要领,要充分发挥视觉和听觉的作用,在听懂讲解、看清示范的基础上,认真模仿练习。在模仿中不断纠正错误操作,逐步掌握操作要领。

（3）全面练习

要形成专业技能,先进行单项技能训练。再在基本掌握单项技能的基础上,把各项单项技能综合起来练习,做到各单项操作连贯、协调,从而全面掌握整个操作技能。

（4）注意手脑并用

专业技能训练中,除了加强动手练习,还必须勤用脑。勤用脑不仅有利于加深记忆,更重要的是还可以创造性地掌握专业技能。

（5）科学分配练习时间

在进行技能训练时,要做到集中练习与分散练习相结合。比较好的分配方案是:开始学习阶段,训练频率要高,但时间不宜过长,以后可以逐渐减少训练次数,但需要延长每次的训练时间。

（6）不择练习时机、场所

技能训练不能只局限在学校、实验室和车间,也不能只局限在学期中,社会、家里、假期等都有练习的时机和场所,要随时把握,把技能训练与生产实践紧密结合,有利于养成更为全面的专业技能素质。

6.4 人际交往能力

正常的人际交往能力是创业者不可或缺的能力之一。一个人能否成功,不在于你知道什么,而在于你认识谁。斯坦福研究中心的一份调查报告的结论更能证明人际交往对成功的重要性:一个人赚的钱,12.5%依赖于其掌握的知识,87.5%依赖于其人际关系网。人际交往能力强的人,可以在关系网络中穿梭自如,解决别人难以解决的问题,大大提高工作效率;也能与周围的伙伴愉快地合作,从而产生强大的凝聚力。因此,一个成功的创业者或将来能够成功创业的人,必定是一个有着良好人际关系的人。

人际交往能力是指能够妥善处理与公众(政府部门、新闻媒体、客户等)之间的关系,能够协调与下属及各部门成员之间关系,从而获得理解与支持的能力。创业者要善于团结一切可以团结的人,团结一切可以团结的力量,求同存异,共同发展,做到不失原则,灵活有度,善于巧妙地将原则性和灵活性结合起来。总之,创业者要处理好人际关系,才能建立一个有利于创业的和谐环境,为成功创业打好基础。

6.4.1 人际交往能力的构成

1)人际感受能力

人际感受能力是指对他人的感情、动机、需要、思想等内心活动和心理状态的感知能力,以及对自己言行影响他人程度的感受能力。

2)人事记忆力

人事记忆力是记忆交往对象的个体特征,以及交往情景、交往内容的能力。人事记忆力是记忆与交往对象及其交往活动相关的一切信息的能力。

3)人际理解力

人际理解力,即理解他人的思想、感情与行为的能力。人际理解力是现代企业管理中重要的工作技巧,也是人力资源管理者必须具备的关键素质之一。人际理解力暗示着一种去理解他人的愿望,能够帮助一个人体会他人的感受,通过他人的语言、语态、动作等理解并分享他人的观点,抓住他人没有表达的疑惑与情感,把握他人的需求,用恰如其分的语言帮助自己和他人表达情感。

4)人际想象力

人际想象力是从对方的地位、处境、立场思考问题,评价对方行为的能力,即设身处地为他人着想的能力。

5）风度和表达力

风度和表达力是人际交往的外在表现。风度和表达力是指与人交际的举止、做派、谈吐、风度，以及真挚、友善、富于感染力的情感表达，是较高人际交往能力的表现。

6）合作能力与协调能力

合作能力与协调能力是人际交往能力的综合表现，是企业团队合作的必要能力。

6.4.2　如何培养人际交往的能力

人际交往的核心部分，一是合作，二是沟通。培养交往能力首先要有积极的心态，理解他人，关心他人。日常交往活动中，要主动与他人交往，不要消极回避，要敢于接触，尤其是要敢于面对与自己不同的人，而且还要不怕出身、相貌、经历，不要因自己来自边远的地区、相貌不好看或者自己经历不如别人而封闭自己。其次，要从小事做起，注意社交礼仪，积少成多。再次，要善于去做，大胆走出校门，消除恐惧，加强交往方面的知识积累，在实际交往中体会、把握人际交往中的各种方法和技巧。最后，要认识到在与别人的交往过程中，能够打动别人的是真诚，以诚交友、以诚办事，真诚能够换来与别人的合作和沟通，真诚永远是人类最珍贵的感情之一。

美国心理学家哈里斯依据交流分析理论，提出：人与人之间可能的生活态度有 4 种人际关系状态：你好，我不好（You are OK，I am not OK）；你不好，我好（You are not OK，I am OK）；你不好，我不好（You are not OK，I am not OK）；你好，我好（You are OK，I am OK）。

持"你好，我不好"生活态度的人通常依赖心较重、自卑，习惯退缩、逃避、缺乏主动性，习惯看人脸色，以弃权来拒绝参与人际活动。他们通常说的话是"我不会""我什么都做不到""不知该从何谈起"。

认为"你不好，我好"的人往往自大、刚愎自用、骄纵自恃，遇事常与人争得脸红脖子粗，得理不饶人，不重视他人感受，把自己的成功建立在别人的痛苦上。常出现在他们思维和语言中的是"滚开""我不在乎""反正就是这么回事""这是我的权利"。

持有"我不好，你不好"生活态度的人常常心怀敌意，认为天下"乌鸦一般黑"。他们消极退缩、绝望，经常说的是"何必呢""多一事不如少一事""我恨你"等。"我不好，你不好"与"你不好，我好"不同的是，这类人不会主动进攻，而是被动防御，他们不容易跟他人起冲突，但是也不要指望他们会主动示好或者主动解决已经发生的冲突。

只有认为"你好，我好"的个体重礼尚义、不忧不惧，有自知之明且敢冒险。他们在处理感情问题时抱着"爱的路上有我和你"的态度，相信心有灵犀一点通，对竞争对手则以"英雄所见略同"相待。可以经常听到他们说这些话："你好""谢谢""真好""我喜欢你"。他们不仅珍视自己，而且信任他人。这类人通常生活轻松、幸福，即使与他人发生冲突，也能圆满地解决，促使人际关系进一步发展。

那么，如何在大学期间提高人际交往能力？

①以诚待人，以责人之心责己，以恕己之心恕人。不仅要与自己喜欢的人交往，还要与自己不喜欢的人保持友好的关系。对别人要抱着诚挚、宽容的胸襟，对自己要怀着自我批评、有错必改的态度。与人交往时，自己怎样对待别人，别人也会怎样对待自己。就好比镜子，自己的态度和表情，可以从他人对你流露出的表情和态度中一览无余。

②培养真正的友谊。如果能做到第一点，很多大学时代的朋友会成为一辈子的知己，不要只去找与自己性情相近或只会附和自己的人做朋友。好朋友有很多种，如乐观的朋友、智慧的朋友、脚踏实地的朋友、幽默风趣的朋友、激励你上进的朋友、提升你能力的朋友、帮你了解自己的朋友、对你说实话的朋友等等。

③学习团队精神和沟通能力。社团是微观社会，参与社团是步入社会前最好的磨炼。在社团中，可以培养团队合作能力和领导能力，也可以发挥你的专业特长。更重要的是，你要做一个诚心诚意的服务者和志愿者。或在担任学生工作时，主动扮演同学和老师之间沟通桥梁的角色，以此锻炼自己的沟通能力。把握在大学时学习人际交往的机会，因为大学社团里的人际交往是一种不用付学费的学习，犯了错也可以从头再来。

④从周围的人身上学习。在班级里，在社团中，多观察周围的同学，特别是那些你觉得交往能力和沟通能力特别强的同学，看他们是如何与人相处的。

⑤提高自身修养和人格魅力。如果觉得没什么特长和爱好可能会成为自己提高人际交往能力的一个障碍，那么，可以有意识地去选择和培养一些兴趣爱好。共同的兴趣和爱好也是你与朋友建立深厚感情的途径之一。如果没什么兴趣爱好，那么，多读些好书丰富自己的知识也可以改进自己的人际交往能力。因为，没有什么比智慧和渊博更能体现一个人的人格魅力了。

6.4.3 人际交往注意事项

1）人际相处忌撒谎

撒谎是被人鄙夷的行为。一个爱说谎的人，不仅为他人所不齿，而且会受到自己心理上的惩罚。因为人在说谎之后，内心慌乱，夜不能眠，会造成大脑机能失调，引起神经衰弱等精神疾病。因此，在人际交往过程中切忌说谎。

2）人际交往中不宜讲过多恭维的话

赞美，是人际关系的润滑剂。赞美可以使人际关系融洽和谐，但必须恰到好处。如果在人际交往中，总说肉麻的、恭维的话，会令人心生轻蔑、厌恶，不利于人际交往。实事求是且适当地赞美对方，可以创造一种热情友好、积极热烈的交往气氛。赞美可以获得对方同样友好的回报。如果能够满足别人人性的渴求，懂得赞许，善于赞许，那么，自己就能成为一个有同情心、有理解力、有吸引力的人。但人际交往中的过度恭维，却令人难以入耳，不仅会降低自己的人格，而且得不到对方认可。因此，在人际交往中，不宜讲过多恭维的话。

3）笑声能增进友谊

愉快的笑声不仅有益健康，还能增进友谊，特别是交谈中的笑声能取得一般词语难以取得的效果。与陌生人会面时,对方可能显得拘束,此时如果能说句笑话,引起双方的笑声,使对方感到轻松且亲切,拘束感就会顿消;当对方提出的问题不好回答时,笑声可以提供思考的时间,使人找出恰当的应答方式;当交谈气氛进入紧张阶段时,适时的笑声可以缓解紧张的气氛,不失为一剂打开僵局的"调和剂"。此外,用笑声来拒绝对方的要求,既可以缓和气氛又不会使对方难堪。笑声还能驱散烦恼、消除疲劳。总之,在与人交往的过程中,不能没有笑声。当然,笑也需要恰到好处。

4)积极看待他人

用积极、肯定、支持、建设性的眼光看待周围的人,善于发现并赞美别人的优点,必要时适当恭维一下,愉快地接受别人的批评和建议。当被触伤感情后,仍能心平气和地交往。触伤他人感情后,能及时向他人道歉。当有人不同意自己的观点、见解时,不必强迫他人接受或感到烦恼。自己有错时,要勇敢地承认自己的错误。

5)沟通时要学会倾听

专注对方,不能三心二意,敷衍了事。在没有兴趣的话题中,要找出有意义的东西,见机把对方的内容和自己的感受简要地讲出来。刚听时,不要有先入为主之见。听完后,再找出主题和要点。在交谈时,让别人把话讲完,再表达你的意见。别人讲话时,要留神倾听。

另外,运用非语言形式进行人际沟通也是提高人际交往技能的一种方式。有时候,一个眼神、一个手势、一个微笑都可以拉近人与人之间的距离。

模块 7

创业心理

7.1 独立性

7.1.1 独立性概述

独立性是指一个人的思维和行动很少受他人的影响,能够独立思考、判断、选择、行动的心理品质。

作为一名创业者,应该释放自己的能量,建立一个衡量事物的标准,别人说什么问题都不用太在意,也影响不了你。一个人一生中有很多的事业机会,只是太多人在新产业和机会面前看不懂,前怕狼后怕虎,总是在怀疑或担心各种问题,总是习惯性地去问自己身边同一个层次的人:这个东西能不能做,有没有风险,这个东西合不合法,这个东西你要不要做,这个东西在市场能不能被接受等问题。事实上,你会发现,任何一个成功的人都是他在影响别人的思维和行动,让更多的人跟着他的脚步走,他们在做任何一件事情的时候都在无声无息中进行。当很多人知道的时候他们已经非常成功了,然而其他人却在不知不觉中成为他们产业链中的一名消费者。

7.1.2 创业者的独立性

创业既为社会积累物质财富和精神财富,又是谋生和立业的手段之一。创业者首先要走出依附于他人的生活圈子,走上独立的生活道路。因此,独立性是创业者最基本的个性品质。这种品质主要体现在以下两个方面。

1)自主性

自主性是指人们掌握或主宰自己命运的意识、意志和行动。人区别于动物的主要特征在于人有独立思维和自觉意识,正是这种独立思考、自主选择命运的独特性构成了千差万别、丰富多彩的人生画卷。自主性应是现代人的立人之本,是现代人格的必有内涵。自主性包括两个方面:一是自主抉择,即在选择人生道路、选择创业目标时,有自己的见解和主张。弗兰克尔坚信人有任何外部力量都无法取消的精神自由,无论身处的环境有多么恶劣,都可以自由选择自己的立场,选择对命运的反应方式和生活道路。二是自主行为,即在行动上很少受他人影响和支配,能按自己的主张将决策贯彻到底,不仅包括行使自由选择的权利,而且包括一旦做出了选择,就要负责任地坚持下去。

在现实生活中,高职生在选择自己所处的大环境时,往往要承受许多来自外界,如父母、友、同学、朋友等的压力。想去大城市寻找自己的价值,父母却希望自己能在家乡找一份安定的工作,恋人希望能去她所在的城市工作,同窗又在另一个城市发出了邀请……面对这些,你还能自主选择吗? 在周围的现实中,经常能看到这种情况:小张想去北京发展,却因为女友而留在成都;小李本想去南方闯天下,却因为要照顾父母而守在一个小县城。这些都是人们职业生态圈非自主的选择。职场中充斥着对环境的非自主的选择和目光短浅的选择,要打破这种现状,就该好好思考自己应该选择什么样的大环境,好好规划自己的创业生涯,从现在开始,自己选择自己想要的、适合自己的生态圈。

2)创新性

创新性是指创造性地提出问题和创造性地解决问题。创新是个体根据一定的目的和任务,运用一切已知的条件,产生出新颖、有价值的成果(精神成果、社会成果、物质成果)的认识和行为活动。

行为创新性即能够开拓创新,不因循守旧,步人后尘。真正的企业家要富有创意,创意人创业不是为了赚钱,而是因为他们无从选择,必须完成它。创业是一项创新活动,很多未知的或不可预料的不确定性因素掺杂其间,虽然有成功的经验可以借鉴,失败的教训能够吸取。但迈克尔·戴尔(戴尔公司创始人)告诉我们,创业没有准则。欧肯迪又说,一般的结论都是不对的,因此创业就是要开创一项事业,没有一种可以复制的模式让我们一劳永逸。那么,没有创新能力的创业者要想取得创业的成功,实在是一件难以想象的事。

有些创业者在确定经营方向时爱盲目跟风,哪行赚钱就做哪行,总觉得这样能减少投资风险,并且少走弯路。然而,市场运作有其自然周期,当市场过于饱和时,利润空间就会缩小,"一窝蜂"热潮有时意味着"恶性竞争"即将来临。任何投资都是有风险的,一旦跟错了,就会掉进投资的陷阱。因此,创业前周密的市场调查和理性的分析尤为重要。这如同股票投资一样,风险与利益共存,哪种股票适合做长线,哪种股票适合做短线,何时跟进,何时退出,都需要冷静对待。

7.1.3 创业中遇到的心理问题

1)依赖性

现在的高职生在创业之初似乎都有一个致命的缺点:缺乏自主意识,不能独立生存。主要表现为:没有主见,缺乏自信,处事优柔寡断,遇事希望别人为自己做决定,认为自己难以独立。一旦所依赖的条件失去,他们就茫然不知所措,甚至在多变的创业环境中迷茫、无法适应,进而导致抑郁、焦虑等心理障碍。久而久之,这种依赖行为就会使他们越来越懒惰、脆弱,缺乏自主性和创造性,形成依赖性人格。由于处处委曲求全,依赖型人格障碍者会产生越来越多的压抑感,这种压抑感阻碍着他们去做自己喜欢做的事。

2)孤僻性

我们提倡创业者具有独立性的人格,但这种独立性并不等于孤独,也不是孤僻。因为创业活动尽管是个体的实践活动,但其本质是社会性的活动,是在人与人之间的交往、配合、协调中发生、发展并且取得成功的,所以,创业者具有独立性品质的同时还应具有善于交流、合作的心理品质。

3）易受暗示性

暗示性是个体心理受环境(包括外部环境和行为主体内心情绪情感等内部因素)影响。创业者在创业中不可避免地会受到创业环境的影响,但如果创业者不能自觉确定创业目标,而受环境、他人的影响,就会在意志自觉性方面存在问题。他们容易盲目地受他人的影响而改变自己的既定目标,不加分析地接受他人的意见,或者容易受各种诱惑的影响而随意改换目标,从而在活动上表现出好似"墙头上的草,风吹两边倒"和"人云亦云、人行亦行、人止亦止"的盲从行为。

要解除暗示性心理,一方面,在对待和处理各类具体问题时,独立思考,不轻信,不盲从,学会自主地认识和解决问题,从而逐步清除容易受暗示性的弱点。另一方面,应善于对自己的心理进行客观分析,对可能形成容易受暗示的心理因素应有正确认识,并在日常的学习、生活中有针对性地加以抑制,从而逐步加以克服。

4）独断性

独断性是以主观、片面、一意孤行为特征的。有独断性的人,似乎能独立地采取决定并执行决定。但是,他们不考虑自己采取的决定是否合理,常常毫无理由地拒绝别人的任何批评和劝告,比较固执,结果只能在客观规律面前碰壁。

 7.2 敢为性

7.2.1 敢为性概述

敢为性是指有相当的胆识敢于行动、敢冒风险、敢于拼搏,并敢于承担后果的心理素质。创业者要有敢于为选定的事业冒风险的心理素质,这种素质就是所谓的敢为。敢为的人对事业总会表现出一种积极的心理状态,不断去寻找新的起点并随时准备付诸实践。一个创业者只有先具有敢为的素质才能更加有信心地去做好以后的事情。当然,这种自信、敢为不是盲目的,而是建立在理性分析的基础上的。

7.2.2 创业者的敢为性

在市场经济大潮中,机会与风险共存。要从事创业活动,必然会有某种风险伴随,且事业的范围和规模越大,取得成就越大,伴随的风险也越大,需要承受风险的心理负担也就越大。立志创业,必须敢闯敢干、有胆有识,才能变理想为现实。只要瞄准目标、判断有据、方法得当,就应敢于实践,敢冒风险。对瞄准的目标敢于起步,对选定的事业敢冒风险的心理品质又称敢为性。敢为性的人对事业总是表现出一种积极的心理状态,不断地寻找新的起

点并及时付诸行动,主要表现为以下几点。

1)冒险精神

爱略特曾说过,世界上没有一个伟大的业绩是由事事都求稳操胜券的犹豫不决者创造的。自古以来就有破釜沉舟、背水一战的典故。《孙子兵法》有"投之亡地然后存,陷之死地然后生"的策略。因为很多时候机遇总是与冒险并存,成功总是与失败擦肩,不是说无限风光在险峰吗?险峰之上,自有一番"会当凌绝顶,一览众山小"的壮志豪情。

当机会出现的时候,往往能激起心理冲动。敢为不是盲目冲动、任意妄为,不能凭感觉冲动冒进,而是建立在对主客观条件科学分析的基础上的。

2)果断

果断性是善于辨明是非真伪,善于抓住时机,善于应对复杂情况,迅速而合理地处理矛盾的能力,这是意志机敏的表现。具有积极果断性意志品质的人,善于在关键时刻,抓住时机做出决定,他们懂得做出决定的重要性,清醒地了解可能的结果。虽然,他们在做决定时,内心也经历了复杂的斗争(包括对立的动机斗争和激烈的情绪感受),但需要行动时,当机立断,毫不犹豫,敢作敢为。

创业时要理智、果断,认为自己是对的,就执着地走下去,不要回头。创业要投入财力、人力和物力,虽然"赔了夫人又折兵"的可能性始终存在,但仍必须要有果敢精神。创业者一起步就面临着要么血本无归、一贫如洗,要么一本生利、腰缠万贯。到底选择哪一种发展方式和生活方式?这是无法回避的基本决策。一般人宁愿不发达也不愿失掉既得利益,越是年龄大、生活现状好的人,越缺乏创业精神。没有破釜沉舟的精神,没有舍弃传统生活方式的决心,没有放弃既得利益的勇气,就很难迈出关键的第一步,就很自然地断了后路。一些下海的创业者自己放弃了稳定的工作和丰厚的收入,从有安全感转向无安全感,这是需要勇气和魄力的。

3)有过人的胆识

人力、物力、财力,这些当然都要准备,不能缺少,但还有一样必不可少,那就是胆量。创业毕竟是有风险的,在一切还没有准备好的时候,谁也不敢保证一定成功,都要承担一定的风险,这些风险,并不是所有人都能承受的。有的人也许正面对大好机会,却畏首畏尾,不敢迈出第一步,总是不敢相信别人,也不敢相信自己,看着别人创业成功了,也只有羡慕和感叹的份了。

4)自信

"自信是成功的第一秘诀。"的确,自信是一个人想要成功的关键所在,无论是创业还是做其他什么,都不能缺少自信。作为一名创业者,在激烈的竞争中面对的困难,就更加需要自信。如果没有这份自信,那么这样的创业十有八九是不会成功的。因为,自信来源创业的决心,决心大,自然信心足。自信同样来源于对创业行业的分析,分析得透自然把握大。如果没有自信,说明创业的决心还不大,目标还没定下来,做哪行还不清楚。如果信心不足,说明对行业的分析还不够透彻,风险一定很大,那么你要多做考虑了。

5)对风险一定要有充分的心理准备

对于创业者而言,在具备了一定的资金、技术、团队之后,能否审时度势地评估风险与收益,往往意味着创业的成败。愿意承受多大的风险是每一个想创业的人必须回答的终极问题。在开始创业之前,请认真思考,自己是否真的具备创业的决心和迫切欲望。因为在生活中,荣耀的代价向来不菲,而在这个特殊的竞技场上,对于大多数人而言,代价可能更为高昂。毕竟,当创业者不惜一切代价投身事业时,"代价"不只是说说而已,它很可能成为现实。创业的过程是一个充满激情与喜悦的过程,是一个充满风险、艰辛与坎坷的过程,而成功创业的过程实际上就是一种不断挑战风险的过程,是一种风险与收益博弈的过程。

创业环境的不确定性,创业机会与创业企业的复杂性,创业者、创业团队与创业投资者的能力与实力的有限性,都是创业风险的根本来源,并最终导致资金风险、技术风险、市场风险、政治风险、管理风险、生产风险等风险。而创业就一定要在风险与收益之间进行抉择与权衡,不能为了收益而不顾风险的大小,也不能因为害怕风险而放弃目标,要在争取实现目标的前提下,管理风险,控制风险。巨大的机会常常隐藏在风险中。伟大的创业者与平庸的创业者之间的差别就在于捕捉机会和规避风险的能力。创业者不是要万无一失地去做事情,而是要通过尽量规避风险获得高回报。

比较善于思考、经验丰富的企业家会不断降低风险。他们总是设想最坏的情况,并不断自我追问:我能承受怎样的损失?他们明白认真评判不利因素的重要性,因此,他们承担的风险至少是估算过的,而非草率冒险。成功的创业者总是事先对成功的可能性和失败的风险性进行分析比较,选择那些成功的可能性大而失败的可能性小的目标。创业者还要具备评估风险程度的能力,具有驾驭风险的有效方法和策略。

7.2.3 创业中遇到的心理问题

1)自我主义

很多以自我为中心的人,他们想问题、做事情从"我"出发,不能设身处地进行客观思考,盛气凌人,不允许别人批评,"老虎屁股摸不得"。这种人往往见好就上,见困难就让,有错误就推,总认为对的是自己,错的是别人。因此,他们常常不能获得他人的好感和信任,人际关系多不和谐。

克服过分以自我为中心的途径包括:第一,理性分析创业的客观条件,自觉地将自己和他人、集体结合起来,走出自己的小天地。第二,恰当地评价自己,既不低估也不高估,既不妄自菲薄也不自高自大。第三,尊重他人,只有尊重和信任才能获得友谊。

2)执拗

遇到问题和困难时,不能客观分析现实情况,不能正确认识自己,墨守成规,我行我素,固执己见,执迷不悟,这就是执拗。执拗往往导致活动失败。有些创业者由于不能正确认识和分析自己面临的环境,无法正确对待自己,而顽固地坚持自己的看法,甚至在已经明白创业目标不能实现后,仍然继续坚持自己的观点和做法,因此,他们总是在创业中碰壁。具有执拗品质的创业者在人际交往中,往往因为他们强词夺理、不尊重人、狂妄自大,形成人际沟堑。其结果又进一步制约他们的创业前景,致使他们得不到他人的帮助,阻碍他们从社会、同学、同伴中汲取新思想、新经验,最终制约自己能力的充分发挥。

一方面,创业者应在充分认识到自己心理发展的实际情况,理智地区分顽强与顽固、自信与任性、独立与固执之间的本质区别,在创业中加以正确对待和处理;另一方面,初创业的高职生应多接触社会,参与活动中虚心向他人、向社会学习,耐心听取不同意见,博采众长,克服顽固性,造就坚韧性意志品质。

3）优柔寡断

优柔寡断的创业者,思想、情感分散,没有能力克服思想和情感上的矛盾,不能把思想、情感引上正确的轨道,在各种动机、目的、手段中摇摆不定,迟迟不能做出取与舍,或者无法很好地对复杂多样的情况做出正确选择,或者在迫于某种压力(如时间限制和外界要求等),不得不做出决策时,不考虑主客观条件,不考虑后果,贸然抉择,草率决定,在一些重大问题上,甚至以"抛硬币"的方法决定取舍。

优柔寡断的创业者在处理问题时总是患得患失。一方面,在一些难得的创业机遇面前痛失良机,直接影响其创业目标的实现,遗恨终生。另一方面,他们或者遇事犹豫不决,莫衷一是,或者草率决定,事后总是后悔不已,这些都给创业者心理上形成压力,使之长期处于焦虑状态中。

创业者要有所作为,就需要努力克服优柔寡断的问题。第一,创业者应不断地从社会实践经验总结中,尽可能得出积极的结论。第二,在创业中不断丰富自己的知识,同时更要尽可能扩大社会知识和适应社会的各种能力。第三,敢于决断。创业者要在日常学习、生活、工作中,利用一切可能的机会,从小事的决断做起,逐步由小到大培养敢于决断的勇气和能力。在决断的过程中,凡是正确的都以某种方式加以肯定与强化;凡是决断错了,也不要失去信心,仅把它看作做"社会习题"中的一次失误,在总结教训的基础上,继续进行"演练"。

7.3　坚韧性

7.3.1　坚韧性概述

坚韧性是指创业者在执行决定时,以充沛的精力和顽强毅力,克服重重困难,坚持到底的意志品质。创业是一个漫长的过程,实现创业目标,需要艰苦奋斗。需要向既定的目标奋进、拼搏,就必须有坚定的意志。

坚韧性体现在善于长久地坚持业已开始的符合行动目标的行动，做到锲而不舍、有始有终。善于抵御不符合目的的种种主客观诱因的干扰，做到千纷百扰，不为所动。就算前进道路上困难重重，也不放弃对目标的执着追求；无论行动过程中如何枝节横生，总是目不旁顾，不达目的，誓不罢休。

7.3.2　创业者的坚韧性

创业是一项艰巨的任务，创业者在这个过程中面对各种困难也是在所难免的。因此，创业者一定要具有好的心理素质，使自己在面对困难时，能够积极应对，不至于在困难面前输给自己。创业者需要百折不挠、坚持不懈的毅力和意志。能够根据市场的需要和变化，确定正确的、令人奋进的目标，带领员工战胜逆境实现目标。

1）坚忍不拔的意志

成语里有一句"艰难困苦，玉汝于成"，还有一句"筚路蓝缕"，意思都是说创业不易。不易在哪里呢？首先是要忍受肉体上和精神上的折磨。对一般人来说，忍耐是一种美德。对创业者来说，忍耐却是必须具备的品格。

🎙案例讲坛

小故事

著名国画家黄有予，刚到北京时住的房子很矮小，没有窗子，蜘蛛网遍地。他用纸画了一扇窗子贴在墙上，屋内顿时"明亮了"许多，这就是一种人生的态度。上帝尽管给每个人同样的机会、同样的希望，也会给每个人瞬间的黑暗。在瞬间黑暗来到的时候，我们要像黄有予那样，给自己画扇窗，让希望之光透进来。人生的道路有坎坷也有曲折，但是我们没有理由丧失希望和对未来的憧憬。

在创业过程中，创业者可能会遇到很多压力，如与客户发生纠纷、员工出现问题、资金断流、突发事件等，这一切都可能给创业者带来压力和挫折。因此，创业者一定要具有忍受挫折的能力。在面对挫折时，能够进行自我心理调节，重新投入到事业中。

因此，具有顽强韧性品质的人，总有两个明显的特点。一是活动过程的坚持性。他们不为暂时的挫折失败所迷惑，具有矢志不渝、满怀信心、不达目标誓不罢休的决心和毅力。二是克服困难的顽强性。他们努力克服一切内、外障碍，排除万难，勇于冲破一切艰难险阻。对创业者来说，肉体上的折磨算不上什么，精神上的折磨才是致命的。如果有心自己创业，一定要先在心里问一问自己，面对从肉体到精神上的全面折磨，有没有宠辱不惊的"定力"与"精神力"。如果没有，就一定要小心。对有些人来说，一辈子给别人打工，做一个打工仔，是更合适的选择。

2）要有持之以恒的进取心

创业者必须有一颗持之以恒的进取心。三心二意，知难而退，或虎头蛇尾，见异思迁，终将一事无成。

3）遇事沉着冷静，思虑周全，一旦做出行动决定，便咬住目标

具有顽强韧性意志品质的人，在其活动中，一方面，善于抗御不符合活动目的的主客观诱因的干扰，在各种干扰和诱惑面前，不为所动。另一方面，善于长久地维持已经开始的符合目的的行动，刻苦耐劳，在困难面前锲而不舍、百折不挠，不达目的誓不罢休。今天的创业者可能面临许多问题，有资金的困难，知识水平的困难，还有许多意想不到的困难。对于这些问题，创业者要有强者的心胸，要对自己有积极的心理暗示。拿破仑当初在西西里岛走出来的时候，十万大军围困着他，他只身一人，怎么出来？面对十万大军，他以积极的心态，大摇大摆地走出西西里岛，就像空城计中诸葛亮一样。从这里可以得出简单的道理，创业者应该有积极的心理暗示。

4）坚持不懈

创业过程是一个长期坚持努力奋斗的过程，立竿见影、迅速见效的事是极少的。在方向目标确定后，创业者就要朝着既定的目标一步步走下去，纵有千难万险，迂回挫折，也不轻易改变初衷，半途而废。日本八佰伴集团的创始人和田一夫开始仅经营一家小水果铺，曾经还被一场大火烧得一无所有。但是，在"不摧毁旧的，就不能建设新的"信念的支持下，他东山再起，成为名噪一时的创业家。

很多企业家和亿万富翁，时常让人感觉到他们有一种"傻"气，这种"傻"气就是他们成就事业巅峰的最重要的一点精神特质。这就是专注、矢志不渝甚至偏执的精神。即使是傻等也会等到机会，坚持的力量是非常可怕的。

7.3.3　创业中遇到的心理问题

1）怯懦

怯懦主要表现为缺乏勇气和信心，害怕可能面临的创业中的困难和挫折，在挫折、困难面前常常知难而退，甚至不战而败。因为有些创业者看多了成功的案例，总认为创业是一帆风顺，所以害怕面对创业中的困难和挫折时，害怕失败。"只能成功，不能失败"的非理性信念是造成一些创业者怯懦的认知因素。

在挑战与机遇并存的现代社会，怯懦者会失去很多成功的机会，也可能成为落伍者。积极迎接挑战，争做生活的强者才是明智的选择。改变怯懦的最好办法是敢于抓住机遇，积极锻炼，不怕失败，不怕丢面子，不怕担子重，多给自己鼓励和加压，在生活的词典中去掉"不敢"二字。

2）缺乏恒心

恒心是顽强韧性的重要表现，缺乏恒心也就成为在意志坚韧性方面存在的问题。从现实情况看,似乎创业者在创业中都有过缺乏恒心的经历。他们往往雄心勃勃,然而一旦遇到困难或挫折,立刻"打道回府",凡事只有三分钟热情,结果往往半途而废。对创业者而言,如果缺乏恒心,即使计划翔实、周密,可能实现的目标也会功亏一篑。

高职生创业缺乏恒心,首先与高职生心理发展不成熟相关。在高职生内心深处残留着某些不成熟的心理,常以"孩子心理"比较随意地加以对待,表现出随意放弃原目标的情况。因此,从这一意义上可以说,高职生缺乏恒心是他们残存的不成熟的少年心理影响的结果。从表现上看,只是原定目标被抛弃。但从高职生自身看,他们选择的较为"理想"的方式摆脱了可能由于达不到目标带来的内心焦虑与心理不平衡。其次,高职生由于初涉社会,缺乏对社会责任和义务的认识,因而自己的创业往往不能持之以恒。最后,社会经验特别是成功的经验缺乏也是一个重要原因。

高职生创业者必须逐步培养自己从事活动的恒心,努力克服虎头蛇尾、半途而废等不良意志品质。第一,根据社会对高职生要求和社会责任,分析自己的心理发展状况,尽快克服残存的不成熟的少年心理,完善自己。第二,积极参加社会实践,锻炼自己实现目标的勇气与能力。第三,重视目标的树立。高职生在创业之初要有明确的目标引导,但树立的目标应该是有一定难度,经过努力可以实现的。目标过高或过低都会影响高职生的活动本身,从而对他们的恒心产生负面影响。

3）急于求成

大学毕业生希望尽快找到创业的门路,这是人之常情。但是,有的大学生急于求成,一遇到困难或问题就缺乏耐心、怨天尤人,不能冷静而客观地分析问题、寻求对策,而是见困难就退。本来通过努力可以解决的问题和困难,由于畏难,不愿再做努力,从而丧失了机会。这种心理可能会使创业者得到一些眼前的利益和满足,但从长远看,并非明智的选择。创业者在创业过程中,要有坚定的信心和足够的耐心,遇到暂时的困难不轻易退缩或放弃,创业的目标才能实现。

7.4 自制性

7.4.1 自制性概述

自制性是控制、协调自己的思想感情和举止行为的能力。著名教育家马卡连柯指出:"这不仅是想什么就得到什么的那种本事,也是迫使自己在必要时放弃什么的那种本事。"

在现实中,人的各种愿望和冲动并不是合理的,而合理的愿望和冲动在一定条件下也并不是适当的。因为人生活在同他人的相互关系中,个人的利益和愿望同社会利益和他人愿望往往会发生矛盾,所以,人必须根据社会的规范来约束自己的言行,根据自己的根本利益、他人的利益和社会的利益来调整自己的行动。

　　具有自制性品质的人善于控制自己的情感,克制恐惧、懒惰、害羞等消极情绪和冲动行为,善于在复杂和困难的情况下保持冷静的态度。他们不会被失败吓倒,无论胜利还是失败都能激励自己前进。他们的组织性、纪律性特别强,情绪稳定,工作、学习时注意力高度集中,甚至进入"忘我"境地,并且记忆力强,思维敏捷,工作、学习效率高。

7.4.2　创业者的克制性

　　在创业过程中,创业者要善于克制,防止冲动。克制是一种积极的有益的心理品质,具有克制性的创业者,在工作、学习和生活中,精力充沛,朝气蓬勃,具有勇往直前的气魄。在明确的目标、正确的信念支持下,不断拼搏,克服一切困难和不利条件,不断发展。美国"PEP 成功全集"中提出了 26 项成功法则,这是作者在大量研究的基础上总结出来的。这26 项成功法则中的 9 项是有关意志品质的。例如,目标明确(是否很清楚、很明确地知道所要达到的目标是什么);动机强烈(是否在脑海中已勾勒成功时的情形,以加强成功的欲望);计划周详(是否制订了周详而具体的计划,并随时评估所执行的成果);行动积极(是否决定了马上去做,毫不迟缓,不找借口拖延);意志坚定(是否意志坚定,决不向困难、挫折低头,是否决不放弃);专心致志(是否心无旁骛,决不三心二意,决不一心二用),等等。

1）要善于调控情绪,保持乐观心态

　　控制和调节自己的情绪,使自己的活动始终在正确的轨道上进行,不会因一时的冲动做出缺乏理智的行为。创业者大多是非常有激情的人,试想,一个没有野心、没有魄力、没有激情的人,其个性又像一根软面条,期待他去创业是不可想象的事情。激情是创业者最基本的前提与素质之一,如果没有激情,创业者可能连自己都调动不起来,也就谈不上创业了。

　　激情之于创业者就像原子能之于核电站。不能将激情唤醒的时候,一时间就燃烧掉所有,最理性的做法是去控制激情、引导激情,让激情在工作中慢慢地释放,又在工作中慢慢地积蓄。很多创业者在想到一个好点子、好创意之后,兴奋得不行,马上就要投资采购设备等,不容得别人泼半点冷水,这种做法是不足为道的。激情是指导方向,要发挥作用就必须与实际结合,必须与理性的决策共舞,而不独舞,独舞的激情导致的创业结果只可能是烧掉一切。

2）加强自我修养

　　创业者的自我素质,自我判断能力,自我思想准备,自我执行能力,自我必胜信念,自我智慧修炼,是创业成功不可缺少的因素。但是,即使具备以上所有的优良品质,也难确保一炮打响,成功绝对不是必然的,成功是无数必然的成功因子聚合成的一次偶然。世界上的创业公司,2 年之内,会死去一半;5 年之内,90% 会不复存在;10 年之内,剩下10% 的创业企业中有 90% 也将会销声匿迹。也就是说,10 年之后,只有不到 1% 的创业者可能会幸存下来。创业者必须让实践证明其有专家的知识、企业家的气魄、将帅的才干、综合协调能力与本事。

高职生创业要努力克服自己意志上的弱点或不良意志品质，虚心向其他职业人、成功人士和社会学习，培养自己的良好意志品质，用良好的修养为自己创业积攒人脉和人气，创造尽可能有利于自己的机遇和商机。

3）重视社会道德心理

自觉接受社会公德和职业道德的约束，文明经商、诚实经营、互助互利。当个人利益与法律和社会公德相冲突时，要能克制个人欲望，约束自己的行为。在提倡合作双赢的时代，过去那种单枪匹马的创业方式已越来越不适应时代需求。古时经商讲究"秤平斗满不欺人"，如今的市场经济已进入诚信时代，作为一种特殊的资本形态，诚信日益成为企业的立足之本与发展源泉。创业者的品质决定着企业的市场声誉和发展空间。不守"诚信"，或可"赢一时之利"，但必然"失长久之利"。反之，则能以良好口碑带来滚滚财源，使创业渐入佳境。但是有一些大公司的产品，甚至一些名牌产品还存在一些质量问题。一些欺诈行为、毁约行为时常发生，有些老板为了能以最小的成本获取最大的利润，竟然埋没良心，在买卖中缺斤少两，以次充好，以假乱真，以坑蒙拐骗等方法欺骗消费者。这样的商家一旦失去消费者或客户，就失去了最根本的竞争力和立足点。

7.4.3　创业中遇到的心理问题

1）冲动

冲动性是与自制性相反的不良心理品质。冲动性在某种意义上总是"伴随"第一次创业的人们左右。具有冲动性心理品质的创业者，在为人处世时，往往不加任何考虑，只是凭借最初的动机采取行动，对自己的行动听其自然，不加任何约束，感情用事，不考虑方式方法，不考虑后果，胡作非为。冲动性的行为主体控制不住自己的激情与冲动，往往只凭一时冲动决定自身行为，或者表现为行为主体自私任性，在活动中只顾自己，不顾他人，甚至不惜采取与社会对抗的方式。

对于冲动性不良心理品质的后果，每个高职生都很清楚。如何克服这种心理问题呢？首先，创业者应对自己的个性心理特征有充分认识，属于胆汁质性格类型、有外倾性格特征的创业者，在创业中，要尽可能减轻、避免情绪冲动，理智认识与解决问题。其次，在日常生活中，养成凡事先思考再行动的习惯，在活动前尽可能周全思考行动的前因后果。在情绪波动大的时候，先"冷处理"，暂不决策与行动。再次，创业者应积极投入社会生活中，与人为善，养成为他人、为社会着想的道德品质。

2）易怒

易怒是由于客观事物与主观愿望相违背，或愿望一再受阻、无法实现时产生的激烈的情绪反应，其程度从不满、生气、愠怒、激愤到暴怒，特别是当人们认为其所遭受的挫折是不公正、不合理的，或是被恶意造成时，最容易产生愤怒情绪。愤怒还会使人的自制力减弱或丧失，不能正确评价自己行为的意义和后果，做出不理智的冲动行为。易怒的情绪特征为：自我评价偏高、鲁莽、冲动。如何克服激动易怒的不良情绪？一方面,加强修养,开阔心胸。创业者应认识到发怒并不能解决任何问题,只会激化矛盾,招来别人的敌意和厌恶。只有加强自身修养,以开阔的胸襟宽容体谅他人,不为小事斤斤计较,才能得到别人的信任、尊重和理解。另一方面,冷静克制。在与人发生矛盾冲突,即将动怒时,要用理智和意志控制冲动的情绪,尽量缓解或避免怒气发作。这时,可以暂时离开使自己动怒的环境,待回来后往往时过境迁、风平浪静,就可以冷静地商量解决问题。

 ## 7.5 适应性

7.5.1 适应性概述

适应性是指各种创业者个性特征互相配合,适应周围环境的能力。一个人能否尽快地适应新环境,能否处理好复杂、重大或危急的特殊情况,与其心理适应性高低有着直接的关系。

信息时代瞬息万变,要想在这多变的世界中获取成功,就必须练就一种非凡的适应能力。随着竞争的不断激烈,越来越多的人想尽可能多地获取更有效的信息,以不断补充和完善自己,唯恐自己跟不上信息时代的快节奏,正如很多专家、评论家说的一样,未来的商场中不再是大吃小而是快吃慢。随着含金量的不断上升,人力资源的发现—培养—抛弃的循环过程会更快、更强,人力资源的周期大为缩短。在这种变幻莫测的环境中,创业者时刻面临着更新自己知识体系的压力,适应力差就可能被社会所淘汰。这就需要提高适应能力,对社会变化及时做出调整,以备不时所需。

7.5.2 创业者的适应性

"水因地而制流,兵因敌而制胜。故兵无常势,水无常形。能因敌变化而取胜者,谓之神。"面对市场的变化多端、竞争激烈,创业者能否因客观变化而"动",灵活地适应变化,成为创业成功的关键所在。

1）敏锐性

创业者必须以极强的信息意识和对市场走向的敏锐洞察力,瞄准行情,抓住机遇,不失时机地、灵活地进行调整。在外部环境和创业条件变化时,能以变应变。创业者的敏感,是对外界变化的敏感,尤其是对商业机会的快速反应。

2）自我调节

创业者要善于自我调节,还要善于处理各种压力。能够用积极态度看待来自工作和生活的压力，冷静分析、控制压力，找出原因，缓解压力甚至消除压力。能够保持良好的心态，勇敢地面对压力，力争将不利变为有利、将被动变为主动、将压力变为动力。在创业过程中，如何抵御或降低外界环境对自身的干扰，以良好的心态面对压力？第一，培养应对技能。不断提高能力（工作技能、管理时间、与人沟通）是应对工作压力最直接的方法。第二，改变思维方式。改变自己的期望、需要、价值观和认知方式这些因素，可以改变你所感到的压力。第三，养成自我激励的好习惯。最好的激励源于内心，压力来源于寻求赞许，抽出时间来享受生活。

3）做到"胜不骄，败不馁"

人们都渴望成功，害怕失败。在这种心理压力下，人们都想赢怕输，但失败往往比成功更多些。人生最大的考验莫过于渡过失败关，能顶住失败的心理压力、舆论压力，不灰心、不丧气，能够继续朝着成功的方向迈进。在创业之初，就应该做好失败的准备。要善于总结和吸取失败的教训，承认暂时失败的现实，做出适当的调整和"退却"，为将来的"进攻"积蓄力量。准备失败，认识失败，承认失败，利用失败，在困难和挫折中前进，才能步步为营，才能反败为胜。在创业中，面对取得的成绩和阶段性的成功，要善于总结，要看到存在的问题，明确今后努力的方向，找出保持成功势头和继续不断发展壮大的成功经验，避免骄傲自满，方能做到"善胜者不败"。失败是谁都不愿意看到的事，但失败却是取之不尽的活教材，在失败过程中所累积的努力与经验，都是缔造下一次成功的基石。古人云，失败乃成功之母。成功需要经验积累，创业的过程就是在不断的失败中跌打滚爬。只有在失败中不断积累经验财富，不断前行，才有可能到达成功的彼岸。

4）切合实际的理性精神

创业也需要理性，需要对市场冷静的观察和分析以及对形势有着清醒、全面的认识。高职生创业充满着未知和变数，所谓创业理性，最基本的要求是准确的自我了解、自我定位和合理的预期。一个期待创业的高职生必须还原自己，而不是拔高或贬损自己，必须清醒地知道自己是否有强烈的挑战精神，是否有足够的应变能力、动手能力、耐受能力，是否意志坚定、做事果断，以及是否具备必要的亲和力和领导能力。除此之外，还要有对创业点、创业途径、创业方式的准确选择和对创业前景的科学预测。不少高职生具有创业的热情，但这是远远不够的。创业是一项复杂而艰苦的工程，在这个过程中，创业者事先要有充分的准备，在观察分析的基础上得出一个清晰的创业思路，选择一种可行的创业模式和一个合适的创业项目，踏踏实实做事、认认真真工作，才更有可能取得成功。如果仅凭一时感性，好高骛远，不切实际，那么最终的结果往往只能是"败走麦城"。

7.5.3 创业中遇到的心理问题

1）焦虑

焦虑是个体主观上预料将会有某种不良后果产生或模糊的威胁出现时的一种不安感

并伴有忧虑、烦恼、害怕、紧张等情绪体验。在这个紧张刺激不断增多、竞争不断加剧的社会里,每个人都可能处于一定的焦虑状态。适度的焦虑对保持生命活力是必要的,这里所说的焦虑主要是指不适当的高度焦虑。

被焦虑困扰的创业者常常表现出烦躁不安,思维受阻,行动不灵活,身体不舒服等症状。创业者的焦虑主要集中在决策和人际关系两个方面。创业者的决策焦虑是对决策的紧张感、自信心缺乏、对决策结果过于担忧、认知障碍等因素造成的,而且女性比男性更易焦虑。创业者对人际关系的焦虑是与创业者开始创业时缺乏自信、缺乏安全感,以及交往技能差(或自认为差)、自尊心过强等密切相关。

不适当的高度焦虑对创业是不利的。因此,应增强自信,相信车到山前必有路,总会有办法的;应不怕困难、磨炼意志,无所谓的担忧正是焦虑的本质。总之,凡事尽最大的努力,把注意力从担心失败转移到积极行动、争取成功上来。

2)盲目自大

我们发现,现在很多创业的高职生,有的连创办公司的工商手续怎么办都不了解。前几年,高职生对创业都不是很自信,就像第一个吃螃蟹的人,有些战战兢兢。但如今,创业的高职生似乎又太自信,甚至有些自负了。其实,创业从一开始就会面临许多困难和挑战,如果没有做好迎接失败的准备,很容易被失败击溃。因此,盲目自信,到头来往往由于对自己估计过高,对自己的弱点和困难估计不足,在创业中受挫。不仅浪费了时间、精力、财力,更重要的是错过了很多适合自己的机会。因此,高职生创业者一定要面对现实,客观地评价自己,从自己的实际出发,切不可好高骛远,盲目追求。

7.6 合作性

7.6.1 合作性概述

合作性是指善于理解沟通、体谅合作伙伴,善于交往、合作、共事的心理品质。合作是"草根经济"中创业者必须具备的心理品质。因为合作不仅可以弥补个人创业的不足,而且可以产生思维共振,还能彼此间相互鼓舞,增强克服困难的心理力量。

现代社会分工越来越细,某个工程或者是某个项目通常需要若干人通力协作才能完成,因此,在这个团结协作的过程中,要更好地发挥个人的主人翁意识,与其他协作的人共同发挥团队精神。富于合作和团队精神,不仅表现一个人的品质,而且是高质、高效出成果的前提和保证。事业要发展,团结合作的力量大于一切。因此,现代企业喜欢具有较强适应能力、富有团队精神的实干家。

7.6.2　创业者的合作性

在创业道路上,必须摒弃"同行是冤家"的狭隘观念,作为创业者,一定要懂得与他人分享。一个不懂得与他人分享的创业者,不可能将事业做大。

1）要善于沟通

一切问题都是可以通过沟通解决的。成功的创业者都是长袖善舞的沟通者,总是善于与别人相处融洽,无论是员工、客户、投资人还是竞争对手,沟通可以解决分歧,形成趋利避害的聚合力,即使在谈判桌上,也是出神入化的主导局面。

通过语言、文字等多种形式与周围的人进行有效的交流与沟通,可以提高办事效率,增加成功的机会。在创业过程中,需要与客户和顾客打交道,与公众媒体打交道,与经销商打交道,与企业内部的员工打交道,这些交往、沟通,可以排除障碍,化解矛盾,降低工作难度。通用电气公司前总裁杰克·韦尔奇强调:"管理就是沟通、沟通、再沟通。"杜邦公司前执行总裁夏皮罗认为:"沟通是管理的关键,如果把最高主管的责任列一张清单,没有一项对企业的作用能比得上沟通。"

2）善于与人合作

有一个故事是这样的:一个人去买鹦鹉,看到一只鹦鹉前标明此鹦鹉会两门语言,售价200元;另一只鹦鹉前则标明此鹦鹉会4门语言,售价400元。该买哪只呢? 两只都毛色光鲜,非常活泼可爱。这人转啊转,拿不定主意。结果突然发现一只老掉了牙的鹦鹉,毛色暗淡散乱,标价800元。这人赶紧将老板叫来:"这只鹦鹉是不是会8门语言?"店主说:"不。"这人奇怪了:那为什么又老又丑,又没有能力,会值这个数呢? 店主回答:"因为另外两只鹦鹉叫这只鹦鹉'老板'。"这个故事告诉我们,真正的领导人,不一定自己能力有多强,只要懂信任、懂放权、懂珍惜,就能团结起比自己更强的力量,从而提升自己的身价。相反,许多能力非常强的人却因为过于追求完美,事必躬亲,觉得什么人都不如自己,最后只能做最好的公关人员、销售代表,成不了优秀的领导人。

在当今社会,要想"独孤求败"是越来越难了。因为每个人都需要合作伙伴,所谓"一个好汉三个帮""红花还要绿叶扶",就是说现代人要有合作意识,必须共同创业。

3）善于交友扩大社交圈

通过朋友掌握更多的信息、寻求更大的发展,日益成为成功创业的捷径。很多创业者最初的创业 idea(主意)是在朋友的启发下产生的,或干脆就是由朋友直接提出的。因此,这些人在创业成功后,都会更加积极地保持与从前的朋友联系,并且广交天下友,不断地开拓自己的社交圈子。昆明赫赫有名的新晟源老板何新源至今仍保持着和朋友们在茶楼酒馆喝茶谈天的爱好。何新源称其为"头脑风暴"。这样的头脑风暴,使他能够不断产生新思路、新点子,生意越做越大,越做越好。

创业不是引"无源之水",栽"无本之木"。每一个人创业,都必然有其凭借的条件,也就是其拥有的资源。一个创业者的素质如何,看一看其建立和拓展资源的能力就可以知道。创业者资源,可以分为外部资源和内部资源两种。内部资源主要是创业者个人的能力,其所占有的生产资料及知识技能,也就是人们通常所说的有形资产和无资产,只不过这种有形资产和无形资产属于个人罢了。创业者的家族资源也可以看作创业者内部资源的一部分。拥有一份良好的内部资源,对创业者个人来说无疑是重要的,但因为其中大部分不是通过创业者个人努力获取的,而是自然存在的,具有天然属性,我们在此不作重点讨论。

本书讨论的是创业者外部资源的创立。其中,最重要的一点是人脉资源的创业,即创业者构建其人际网络或社会网络的能力。一个创业者如果不能在最短时间之内建立自己最广泛的人际网络,那他的创业一定会非常艰难。即使其初期能够依靠领先技术或者自身素质,如吃苦耐劳或精打细算,获得某种程度上的成功,也可以断言他的事业一定做不大。除非他像比尔·盖茨,能开发出一个 Windows,前无古人,无可取代,只好由他独霸市场。

创业者人际资源,按其重要性来看,第一是同学资源。北大、清华、人大等名牌大学在北京、上海、广州、深圳都有同学会或校友会分会,在这些地方,形形色色的同学会多如恒河沙数。周末,到北大、清华、人大等校园走走,会发现有很多看上去不像学生的人在里面穿梭。其中,很多人是花了大价钱从全国各地来进修的。学知识是一方面的原因,交朋友是更重要的原因。对于那些"成年人班",如企业家班、金融家班、国际 MBA 班等班级的学生,交朋友可能比学知识更加重要,有些人唯一的目的就是交朋友。一些学校也看清了这一点,在招生简章上就会明白无误地告诉对方:拥有××学校的同学资源,将是你一生最宝贵的财富。

第二是职业资源。对创业者来说,效用最明显的首推职业资源。所谓职业资源,就是创业者在创业之前,为他人工作时建立的各种资源,主要包括项目资源和人际资源。充分利用职业资源,从职业资源入手创业,符合创业活动"不熟不做"的教条。尤其是在国内目前还没有像美国或欧洲国家一样,普遍认同和执行"竞业避止"法则的情况下,选择从职业资源入手进行创业,已经成为许多人创业成功的捷径和法宝。

第三是朋友资源。朋友应该是一个总称,同学是朋友,战友也是朋友,老乡是朋友,同事一样是朋友。一个创业者,要广交朋友。朋友犹如资金,对创业者来说是多多益善。"在家靠父母,出门靠朋友""多一个朋友多一条路"是至理名言。

7.6.3　创业中遇到的心理问题

1)嫉妒

嫉妒是对他人的成就、名望、品德、优越地位及既得利益的一种不友好的、敌视和憎恨的不健康情感,表现为对他人的长处、优势、荣誉和成绩十分不满,抱有憎恨情绪,对其冷嘲热讽,甚至采取不道德的行为。有这种心理的创业者会表现出强烈的排他性,对他人的成绩和名誉心怀不满,不服气,总希望别人比自己差,甚至会产生诸如中伤、怨恨、诋毁等嫉妒行为,对别人的失败和不幸则表现为幸灾乐祸,不给对方同情和安慰。如何克服创业中的嫉妒心理? 首先,纠正自己的认识偏差。别人的成就来自别人的努力,应该实事求是地予以承认和赞赏。嫉妒者不应把别人的成功等同于自己的失败和对自己的威胁，而要向别人学习，努力赶上别人。其次，进行恰当的对比，即不仅要看到别人的优点和自己的缺点，而且也要看到自己在有些方面优于对方。最后，要保持良好的心态，努力使思想升华。

2）狭隘

受功利主义影响，创业者中的"狭隘"现象有增无减。凡事斤斤计较、耿耿于怀、好嫉妒、好挑剔、容不得人等，都是心胸狭隘的表现，即日常说的"气量小"。心胸狭隘往往影响人际关系，伤害他人感情，也常常给自己带来烦闷、苦恼，影响自己的情绪和在他人心目中的形象，导致创业目标受挫。如何克服创业中的狭隘心理？首先，要胸怀宽广坦荡，一切向前看，正如歌德所言，比海洋更广阔的是天空，比天空更广阔的是心灵。其次，要丰富自己，一个人的视野越开阔，就越不会陷入狭隘之中，这就是所谓的"站得高，看得远"。最后，要学会宽容，宽以待人。

3）猜疑

猜疑是一种由主观推测产生的不信任感。具有这种心理的创业者整天疑神疑鬼，对别人的言行敏感、猜疑、不信任，使创业的决策或目标难以实现。如何克服创业中的猜疑心理？首先，正确认识别人。对陌生人产生怀疑是一种正常的防备心理，但不要动辄疑神疑鬼，应当在交往中认真观察和了解他人，把握其性格、处事方法等，只有对他人认知正确、全面，才会避免乱猜疑。其次，加强沟通，多了解。出了疑点，不要马上乱猜测、乱对号，要主动与你所怀疑的对象多接触、多交流，这样，可以弄清情况，消除疑虑。最后，要善于分析信息。猜疑心理可能源于自身，也可能是听信别人的信息产生的。因此，在人际交往中，要认真、冷静地鉴别信息和信息源，不可偏信，要做到"兼听则明，偏听则暗""耳要硬，口要紧，行要慎"，尤其是对那些惯于搬弄是非的人，要保持警惕，切勿轻从轻信。

4）自傲

因为人际交往是双方的，在交往过程中，双方都获得一定的满足，才可能继续维持和发展交往，所以创业者在交往中，应相互尊重，相互谅解，以诚相待。但有的创业者在交往中自傲心理严重，过高地估计自己，总觉得自己优于别人，盛气凌人，自以为是。有的创业者在为人处世中都以自己的需要和兴趣为中心，只关心自己的利益得失，不考虑别人的兴趣和需要，喜欢自吹自擂，固执己见，总是维护自己的强烈自尊，固守自己的态度，坚持自己的意见，寸步不让他人，甚至在明知别人正确时，也不肯接受别人的意见。

自傲心理是创业中一种严重的心理障碍。如何克服自傲心理？首先，平等相处，尊重他人。应当平等待人，不过分苛求他人，使交往双方都有机会满足自己的需求。其次，虚心听取和接纳别人的意见。交往中不要唯我独尊，固执己见，要能接受别人的正确意见和批评。最后，正确对待自己和他人。

模块 8
创业者的个性品质

8.1 个性品质的基本知识

8.1.1 个性品质的基本概念

个性一词最初来源于拉丁语 Personal，一开始是指演员所戴的面具，后来指具有特殊性格的人。在心理学中的解释是：一个区别于他人的，在不同环境中显现出来的，相对稳定的，影响人的外显性和内隐性行为模式的心理特征的总和。个性是指人的个体的性质，它和人格有着一定的差别。人格是指人的个体的行为风格。人的个性对创业非常重要，因为个性包括了人的智力、性格、情绪、意志等一些重要特征。社会上曾经火爆的"智商"和"情商"，实际上是对人的个性的某一方面的夸大，人的个性是智商、情商、毅力的综合体。在日常生活中，有的人个性鲜明，有的人缺乏个性，有的人有胆识、有魄力，有的人缩手缩脚，没有做事的胆量，这实际上是人的个性不同的表现。没有个性，就没有创造性。没有个性的创业者，就很难创造出有前景的事业。因此，创业者首先要审视自己一番，看看自己究竟有没有特别的个性。

8.1.2 个性品质的基本特征

纵观创业史上创造奇迹伟业的人，无一不具有鲜明的个性。其中，最为重要的有独立性、好胜性、求异性、进攻性和坚韧性 5 个方面。

1）独立性

著名的心理学家马斯洛认为："有创造性的人是属于自我实现的人。"一个能够实现自我的人就具有极强的独立性，他（她）会时时思考"我是谁？我能做什么？我的价值是什么？怎样去实现我的价值？"他（她）敢于展现自我，实现自己的想法。与具有独立性相对的是具有依附性的人，这些人没有主宰自己命运的勇气，也缺乏自控能力，一切都依靠别人，依靠别人去做决策，依附别人听天由命。

从本质上而言，人一出生下来就具有独立性和依赖性的双重个性。人出生下来，离开了温暖的母体，需要自己去呼吸、去运动。但另一方面，刚出生的婴儿又极其脆弱，极端依赖他人，即需要自己的父母来呵护、喂养。每个人身上都有独立性和依赖性。重要的是创业者能否认识到这一点，即使自己有一定的依赖性，但自己也有着强大的独立性。创业成功的人是那些善于摆脱依赖性，努力实现自己独立性的人。当然，独立性并不是指只注重标新立异，强调外表的与众不同。真正要决定创业的人，首先要认识到什么才是真正的独立性，真正的独立性首先是思想上的独立性，既承认专家权威的存在，又不盲目听从、信从他们的建议，而是用自己的头脑去独立地思考。每个人的言行都源自特定的环境、场合,即便是正确的,也不是对每一个人都适用。创业者要思考一下其中的真伪或者是否真的适合自己。凡是不适合自己的言语,无论是谁说的,也不管其理论上是否行得通,在创业者这里就是没有用的。

2)好胜性

好胜性是指一个人源于对自己的信心,积极与别人竞争并追求成功的品性。人的天性中有一部分是渴望得到别人的承认与尊重的,而人们通常只把自己的尊重给予取得成功的人。创业者审视自己时,要明白自己是甘于做平庸之辈,还是渴望成功、渴望获得他人的尊重呢?

好胜性可以看作独立性的延续。有胆识、有魄力的人喜欢用自己的头脑去思考,并且勇于证明自己是最成功的人,这就是强烈的好强、好胜心理。著名的成功学大师拿破仑·希尔将渴望成功列为人生最重要的一部分,这也是创业者奋斗的源泉所在。逞强好胜并不意味着欺负弱者,而是在证明自己的能力和价值。

创业者在强烈的追求成功和追求胜利的驱动下,可以不舍昼夜,辛勤地工作。但是,创业者在此时一定要注意,好胜不是逞强。真正的成功者虽然追求胜利,但不会到处招摇,不会用自己的成功去攻击别人,嘲笑别人。另外一点需要注意的是,创业者一定要有宽大的胸怀,要欣赏与自己具有相同好胜心的人才。不能因为自己求强好胜,就极力与那些具有同样好胜心的人争斗,或者有意压制为自己工作的人才,唯恐他们过于强大使自己没有面子。创业者鼓励自己的员工去追求成功、胜利,为他们创造、展现才能赢得荣誉的舞台。只有自己的员工都积极追求成功,创业者的事业才会兴旺发达。

著名心理学家马斯洛将人的好胜置于最高层次,认为人除了衣食住行的基本生活需要之外,还有安全需要、社会认同需要、社会尊重需要和自我实现的需要。这种自我实现需要的体现之一就是成功,而这种成功不单单是指赚取金钱,更是指事业的开创、人生价值的实现。

3)求异性

个性的求异,源自人不断增长的需要,是人不知足的本性的反映。创业者应当具有极强的求异追求,这是其积极进取、蓬勃向上的生命力的源泉。在本质上,商业经营的是人们的需要。世界上存在的每个人都是不同的,每个人的需要更是千差万别。创业者一定要善于独辟蹊径,无论是在产品生产上还是包装设计上,甚至营销方式、售后服务等方面,都要从求异的角度出发,在创新方面做到与众不同。

创业者在创业之初,一切都处于全新的状态,创业者会花费大量的精力试图创建一种公司经营运作的模式,这对公司能够稳健成长是非常有必要的。在求稳的同时,创业者千万不要忘了求异。世界上的万物都在不断变化,尤其在商界,事物变化的速度越来越快。商业要经营的是人们的品位,要创造的是人们的生活方式,为人类的生存提供不同的选择方案。但是,人们不会因为一个产品质量好就长期使用,通常,人们会因为新的产品的出现而放弃旧的产品。在流行音乐圈,这种现象非常突出,往往一个歌手就辉煌几年,但其歌曲无论多么动听悦耳,也只会流行一阵子,在新的歌曲流行时,旧的所谓的金曲很快就销声匿迹了。在商业领域也是如此。创业者在创业伊始要紧紧把握人们喜新厌旧的心理,在消除人们疑虑的同时,大力宣传产品的时代感,使之能迅速满足人们求新的感觉。在公司发展到一定规模时,创业者千万不要裹足不前、故步自封,而是要大力求异,推出新的产品。在公司经营管理方面,应当允许更多的人提出大胆新奇的想法,鼓励员工充分发挥各自的个性,不要把公司办成一个千人一面、死气沉沉的集体,而是要让公司成为一个百花竞放、各展风姿的大花园。

4)进攻性

有人形象地将商场比作战场,商业就是商战。战场是残酷的,短兵相接,只有那些具有进攻性,勇往直前的人才能胜利,才能成功。著名的物理学家、诺贝尔物理学奖得主温伯格对创造性颇有见解,他认为,无论是内外创造,"进攻性"都是很重要的。在探索求知的领域或建立创新的事物时,一定要发扬进取精神。对于创业者而言,自己从事的是任何人都没有干过的事业,其他人的建议或经验教训只是参考。创业者不要迷信书本,也不要迷信一些所谓的权威,但是要勇于尝试,在创业过程中主动出击,发挥主观能动性。因为只有发挥进攻性,才能激发人的潜能,才能发现并抓住稍纵即逝的良机,从而踏上成功之路。

心理学研究表明,人的内心都是很脆弱的。根据人们面对内心脆弱性的不同态度,可以将人分为两类,一类是鸵鸟型,另一类是豹子型。鸵鸟在面对危险时,会把头藏在沙子里或其他地方,它以为只要看不见敌人,自身就安全了。这是典型的掩耳盗铃、自欺欺人,这种一厢情愿的想法更是增加了鸵鸟被捉的可能性。还有一种豹子型的人,他们在面对危险时心中也很畏惧,但他们不选择逃避,因为他们知道一味地逃避,永远不能占据主动地位。面对危险,只有挺起胸,抬起头,勇敢地面对危险,才能保持清醒的头脑,发现对方的弱点。创业者在创业时,要面对许多强大的竞争对手,一定不能被对方貌似强大的实力吓倒,而是要像豹子型的人一样直面对待,寻找良机,发展自身。

"在战略上轻视对方,在战术上要重视对方。"在商业竞争中,各方都有各自的优缺点,创业者要善于发挥进攻性,进攻对手的弱项。另外,创业者需要注意的是,除非在特殊情况下,千万不要在人际关系中过分显示进攻性。创业者在待人接物方面要避免表现出咄咄逼人的气势,即使是在与对手谈判,也要保持清醒的头脑,不要一味地与人争斗,把进攻性引入人际关系会使创业者招致许多不必要的麻烦,这是创业者应该坚决杜绝的。

5)坚韧性

创业的道路上既有成功也有失败。无论面对成功还是失败,创业者要充分发挥坚韧不拔的品质。著名发明家爱迪生说过:"我的成功乃是从一路失败中取得的。"爱迪生发明电灯的时候,尝试了将近1000次,每次都是以失败而告终。许多人都劝爱迪生放弃,因为失败了那么多次,肯定这件事是无法成功的。爱迪生却不这样看问题,他说:"每一次失败都向我证明了这样去做是不对的,但总会有一次能发现正确的方法。""失败乃成功之母"深刻地道出了成功的秘密所在。创业者所走的路,肯定会充满失败。创业者要时刻做到心中有数,在面临一次又一次失败的打击时,创业者要用坚韧不拔的精神去克服,要凭借顽强的毅力去承受失败的打击。更为重要的是,在重重打击之下,决不丧失前进的信心和勇气,在认真总结经验教训的基础上,再一次奋勇而起。

由于很多人认为,失败就是丢面子,因此,很少谈及自己失败的经历,对失败采取遮掩的态度。创业者要知道,每个人都不是十全十美的,每件事都不是一蹴而就的,失败是难免的。特别是在企业初创阶段,创业者对每件事都没有亲身经历过,做错事是在所难免的。创业者不要因为自己做错事而否认自己的能力,也不要因为别人的嘲笑而放弃自己的想法。创业者要在自己失败的经历中仔细分析、总结经验教训,找到成功的方法。创业者要培养自己在面对失败时坚韧不拔的品质。

以上是创业者应当具备的个性品质的 5 个特征,而要真正地成为一名成功的创业者,应当具备什么样的个性品质,应当如何培养自己的个性品质,这就是下面要解决的问题。

 # 8.2　创业的情商与智商

高职生创业从项目孕育到团队组建、从融资决策到供应渠道、从产品研发到市场拓展,需要以创业者的智商为基础,以创业者的情商为支撑。注重开发高职生创业智商,提升高职生创业情商,对提升高职生创业的能力和素质至关重要,对提高高职生创业成功率意义深远。

8.2.1　高职生创业能力与情商智商

在高职生创业能力提升中,如果说智商(IQ)决定创业者掌握创业知识和技能的多少,那么,情商(EQ)就决定了创业者控制自我和他人情绪能力的大小。提高高职生的创业能力,既需要以创业智商为基础,又需要以创业情商为支持。

1）高职生创业的智力商数

智商是通过对个体信息存量的测量(如记忆力、语言能力、计算能力和感知速度),反映人的观察、认知、思维、语言、计算的能力。创业的智力商数即创业智商,它与智商的含义略有不同,主要指由个体先天智力引导,通过后天创业知识的学习,由创业认知存量形成边界的思维能力。创业智商包含创业者对自身专业知识的运用与支配能力,也包含与创业相关的创业知识的运用与支配能力。高职生创业者,如果创业的智力商数偏低,容易造成自身创业认知受阻或智商优势无法聚焦,创业边界思维缺失,甚至导致创业活动功亏一篑。因此,开发高职生创业智商,有助于充分聚焦创业主体的智商优势。通过认知和洞察力的提升,为创业提供重要的智力支持。

2）高职生创业的情绪商数

美国心理学教授丹尼尔·戈尔曼在《情感智商》一书中指出,情绪商数简称情商,是个体面对刺激源时，能够了解自身感受，控制冲动和恼怒，理智行事，保持平静和乐观心态的能力。创业者的情商，具体是指在创业活动实施过程中，为实现创业绩效最大化，创业主体在自我认知、自我管理、自我激励、认知他人情绪、处理人际关系等方面所表现出来的情绪商数。创业者的情绪商数包含以下5个方面的能力：一是自我认知能力，即创业者身处商业情境中，能够洞察周遭环境的变化与规律，结合自身优势，对产生的创业动机或捕捉到的商机进行客观评估。二是自我管理能力，即创业者对创业过程产生的"七情"（喜、怒、哀、惧、爱、恶、欲）等情感妥善管理、合理释放。三是自我激励能力，即通过正面情绪调度创业者的注意力，自我鞭策，使创业者聚焦创业目标，保持对创业的高度热忱。四是认知他人情绪的能力，即以创业活动为中心，观察与其建立合作或竞争关系的人际网络，洞察他们的情绪、动机、欲望背后的本质，将活动目标推向利人利己的方向。五是人际关系管理能力，即创业者善于对内维持人际的和谐，对外建立良好公共关系的能力。

3）创业情商与智商的关系

在高职生创业中，创业者的智力由智商和情商构成，两者相辅相成。就高职生创业成功率而言，如果说创业成功或取得成效是创业者智力物化的结果，那么，也可以认为高职生创业的成败很大程度上取决于创业者智商和情商的高低及其整体水平。

（1）创业智商是创业情商得以提升的必要基础

高职生创业智商，是衡量创业个体综合认知水平的主要指标，也是高职生创业必须具备的观察与思考、思维与想象、语言与表达、分析与判断等构成的智力水平。创业者的智商是潜能开发和情商提升的基础，通常，当个体生理年龄达到17周岁时，智商到达顶峰。随后整个成年阶段大多数人基本保持不变，直至年老时衰减。创业智商则不同，它会随着创业者经验的积累，拓宽对创业知识和技能的认知边界，提高识别商机、风险研判、规划决策等水平。在这个意义上，创业者智商的高低不仅决定了掌握创业知识和技能的多少，而且可以为进一步开发和提升创业者情商提供必要的智力支撑。这表明，高职生创业情商的开发离不开一定的创业智商。创业智商越高，越利于创业情商的开发和提升。

（2）创业情商是创业智商发挥优势的必要条件

高职生创业情商，是指准确地识别、评价和表达自己与他人的情绪，适当地调节和控制自己与他人情绪，以及利用情绪信息的能力。它在创业中可以帮助创业者确定自我角色，与他人建立良好的人际关系，是创业者应对创业人际关系的需要和压力下继续保持创业发展韧性的关键因素。这与卡耐基提出的"管理者的成功，15%取决于自我的专业技能，85%来自于人际关系的相处"的观点相符合。创业情商对创业成功具有关键作用，有助于使创业者的智商得到充分发挥，也有利于消除创业中可能出现的各种人际障碍，进而建立良好的人际关系。当然，智商和情商是创业者个人成长不可分割的两个方面，如果一个人在EQ、IQ、相关工作的学习和成长经验这3个方面都能拿到高分，那么，这个人成功机会将会更大。高职生创业亦是如此。

8.2.2　高职生创业智商情商的作用

高职生创业智商的潜能开发和创业情商认知能力的提升,对促进创业有重要的价值。创业智商有利于提高所需要的创业知识和专业技能,为发挥优势提供支持。创业情商的人际交往智慧,有利于增强创业者的个人魅力,通过营造良好的人际关系促进创业健康发展。

1)创业智商与认知能力

创业智商偏高的创业者做事比较执着,专注度较高,相应的边界意识较强,有助于提升自身的认知思维能力和决断力等基础能力。通常,高智商的创业者因高度专注创业发展,而具有较强的自我触底反弹能力。

2)创业情商的自控能力

自知是情商的基础,也是良好人际关系建立的第一步。在创业者与人、事、物接触的过程中,能正确从自我认知出发,建立良好的人际关系,这是创业活动可持续发展的前提。"知人者智,自知者明。"创业者的"自知"是一种拥有自我管理、自我激励的内在智慧,而与他人有效互动的能力是另一种人生智慧。创业者只有拥有了这两种智慧,才能建立良好的人际关系。

3)智商情商的机会把握

对高职生而言,由智商和情商体现的能力倾向和潜能开发,是创业者走向成功的实在要素。无论是对创业机会的把握、规避风险,还是创业团队内外合作,建立良好的人际关系,都是以智商和情商为基础,以能力素质为支撑的。

高职生无论是进入职场还是在创业过程中,由智商和情商体现出的能力素质,对把握发展的机遇和提升事业都是不可或缺的。

①坚实的专业技能和发展的潜在能力是事业发展的重要基础。高职生创业一定要以创业技能为基础,在创业路上始终保持勤奋向上的状态,开发个人的创业潜能和潜质,这就是"勤能补拙"所讲的道理。

②良好的职业素养和高情商是取得事业成功的重要前提。实际上,高职生创业的过程也是修炼个人情商、提升的职业素养过程。"高调做事,低调做人"是人之为人的本色,也是事业走向成功应有的情商水平和难能可贵的品质。

③高智商和高情商是走向事业成功的智力支撑。高职生创业者要构建团队内外良好的人际关系,这种情商是不可缺失的。

8.2.3　高职生创业智商情商的培育

在高职生创业过程中,创业者智商和情商的水平对创业成功有着极为重要的影响。无论是创新创业教育,还是高职生自我成长,都需要加强智商和情商的潜能开发和培养。从问题导向出发,来提高高职生创业者的创业智商和情商水平。

1）高职生创业智商情商的反思

当前,我国高职生创业失败率远大于成功率,说明高职生创业群体智商情商的总体水平还不能与创业所需要智力水平相适应。从反思的角度出发,对高职生创业智商、创业情商中的缺失进行分析,以便有针对性地提升高职生创业的智商水平和创业的情商水平。

（1）高职生对创业智商认知的缺失

高职生创业智商及其所反映的智力结构,主要由观察力、记忆力、思维能力、想象能力和操作能力等组成。其中,观察力用来接收来自创业的外部信息,记忆力用来保存和检索创业的外部信息,思维能力用来吸收加工处理创业的外部信息,想象力用来创造性思考外部信息,操作能力用来把加工处理的创业外部信息转化为物质力量。从高职生创业智商及其智力结构上看,上述基本能力都有不同程度的缺失。其中,创业者对自身智商水平认知的缺失,不利于自我潜能的开发和认知能力的提升,也影响创业者智商水平的提升。

（2）高职生对创业情商认识的不足

高职生创业情商水平反映的是创业者情绪智力的高低,相对于高职生创业成功率而言,通过 EQ 测试可以提供一个比 IQ 测试更能预测成功的依据。它表明,创业者情商水平对创业成功有着举足轻重的作用。根据有关高职生创业能力的调查可知,尽管近年来高职生创业对情商的认可度有所提高,但是,对其重要性的认知仍存在缺失和不足,导致在创业实践中缺乏对自我和他人情绪的管理和有效控制。同时,由于人际关系处理能力不足,难以在创业团队内外关系上形成有助发展的良性互动。

（3）创业智商情商关系处理不当

智力是高职生创新创业最基本的要素,它由认知智力的智商和情绪智力的情商构成,两者在创业的不同阶段、不同环节、不同方面发挥作用,共同决定创业者智力的高低和水平。目前,高职生创业在这方面存在 3 个主要问题:一是对智商情商的认识不够深入;二是对两者的关系的把握不够精准;三是两者协同、互为支撑不够到位。上述问题的存在导致创业者对智商情商的关系处理不当,同时,影响两者水平的总体提升。

2）高职生创业智商情商的开发

高职生创业的成败在一定程度上反映了创业者的智商水平和情商水平。当前,提高高职生创业的智商水平和情商水平,是潜能开发和提升的过程。因为创业实践和创业者的主观能动性及其发挥程度,对智商和情商的潜能开发及其智力发展起着决定性作用。

（1）创业智力潜能开发的能力提升

智力水平是指创业者的认知能力及其行动结果所达到的水平,是创业者观察、记忆、思维、想象、操作等能力的总和。高职生创业智力的高低可以用智力商数来表示,开发高职生创业智力,旨在通过对高职生创业潜能的开发,提高创业者的智商水平和创业能力。

①提高创业者的观察能力。任何创业者都期望能对创业活动、现象、环境做出准确客观的观察,但是往往难以做到,这是先入为主的个体经验和信念等因素所致。这就决定了创业者在进行观察时,一要排除主观臆想,以全面、客观的态度去观察现象;二要防止所观察现象

的事件被扭曲,要以观察对象的事实为依据,透过现象看本质;三是观察凭借的经验应该是经过反复验证的经验,观察的事实应该是去伪存真的事实,这样才能使创业者的观察更客观,更全面。

②提高创业者的记忆能力。记忆能力是获取来自观察等外部信息的储存器,具有存储和检索各种信息的功能。提高记忆能力的方法有两个:一是可通过形象记忆、逻辑记忆、联想记忆、理解记忆等方面加强训练。二是从记忆的快捷性、记忆的敏锐性、记忆的保持性、记忆的正确性和记忆的备用性等。方面加以提升。提高记忆能力关键是要加强自我修炼。

③提高创业者的思维能力。思维是大脑的一种机能,提高思维能力实际上是提高运用一定的思维方式对大脑储存的信息进行加工处理的能力。一是创业者思维能力的提升,可以通过形象思维、抽象思维、灵感思维等方式进行思维训练,提高创业者的思维能力。二是可以从不同思维方式及其思考的深度、广度、灵活性和独创性等方面进行思维训练。开发科学思维的潜能,难点在于创业者的习惯和所持态度。强化意愿、养成习惯、端正态度、学以致用,这是提高科学思维能力的重要前提。

此外,创业者认知智力的潜能开发,还包括分析判断、想象力、操作能力等潜能的开发,其核心是具有创新特点的创造力的潜能开发。

（2）创业情绪智力开发的能力提升

从情商测评的视角看,情绪管理是指人在情绪情感、意志和承受挫折等方面表现出来的品质。这里,把高职生创业情绪智力开发的能力提升概括为以下 3 个方面。

①认识自我和他人情绪能力的提升。提高情绪的认知能力,一是提高对自身情绪认知的能力。这是一个从自知到自明的过程,也是一个从认知到归因和表达的过程。其中,认知就是当你的情绪包括思想、感受和行为发生改变时,你能够觉察到而不是否认它,这就需要提高创业者的自我觉察和识别能力,能够正确辨识哪些是正面情绪,哪些是负面情绪。归因是在及时识别自己情绪的同时,还能觉察到自身情绪产生的原因,并做出相应的分析。表达是能够借助语言、表情、身体语言把自己的情绪准确地传递出来。二是提高觉察他人情绪的能力。与认识自我情绪类似,它需要快速做出识别和评价。其中,移情在对他人情绪识别评价中有着重要作用。所谓移情,是指在认识和理解他人情绪的同时,能够体会到他人的情绪。提高这种体会的程度对识别、评价和表达他人的情绪是至关重要的。提高认识自我和他人情绪的能力,关键是提高创业者对自我和他人情绪的识别、评价和表达的水平,要在快速识别、客观评价、准确表达能力的培养上下功夫。

②管理自我和他人情绪能力的提升。对自我情绪的管理是以自我情绪识别和评价为基础的,因为只有自己觉察到,才能面对,进而处理。所谓处理,就是创业者借助个人的认知和分析能力,对自我情绪进行主动调节控制的过程。创业者自我情绪的调节,可以抑制或消解烦躁、紧张、焦虑、消沉等消极情绪,调动和增强乐观、主动、向上等积极情绪。同时,也可以采用静坐、深呼吸等各种形式的放松训练,提高情绪管理能力。由于创业者处于创业内部的关系中,在对自我情绪管理的同时,还需要在对他人情绪识别的基础上,借助相应的分析策略、方法或手段,对他人情绪管理进行主动调节,经过调节,使他人情绪回归到正常的心理状态。

③管理情绪，建立良好的人际关系。情绪管理在创业人际关系建构中是一个不可忽视的关键因素，这就需要提高创业者的自制力。

自制力是创业者情绪智力的一个关键因素，尤其是创业者在处理内外部的复杂关系时，如果既具有接纳和改变自己的想法、感受和行为的能力，又具有了解和体会他人情绪的能力，那么，创业者在与他人交往中，有助于促进自己与他人共悟和相互了解，在良性互动中增进共识，彼此认同，为建立良好的人际关系创造条件。提高高职生创业的自制力，需要不断学习，在实践中不断评估和改进。当然，学会改变、坚守诚实、践行心灵的承诺是提高自制力不可或缺的要素。

（3）创业智力开发的整体能力提升

高职生的创业智商和情商共同构成创业者的智力水平，两者相互影响，对创业者把握市场机会、整合资源，了解市场动态、客户需求、行业发展趋势，以及创业的组织管理、产品开发和创造竞争优势，都是不可缺少的智力支撑。因此，创业者智力潜能的开发，应从能力系统建设的整体上做出思考。

①注重整体性。在创业者智商情商潜能开发中，不能顾此失彼，应该把两者看作创业智力系统的构成要素，统一在潜能开发和能力提升的系统中。

②注重协同性。创业者的智商情商水平在创业中是相互对应、相互协同的两个方面，潜能开发是为了形成合理的智力结构，在创业中发挥它们的协同效应。

③注重互补性。创业者的智商情商水平因人而异，其优势各不相同，在潜能的开发应用中各有侧重，短板力求补齐，功能力求互补。

④注重效能性。创业者智商情商潜能的开发，不是为开发而开发，而是在创业智力结构上促进潜能向能力转化，能力素质向创业价值转化，最终目的是提高高职生的创业成功率。

参考文献

[1] 托马斯·沃格尔.创新思维法:打破思维定式,生成有效创意:修订本[M].陶尚芸,译. 北京:电子工业出版社,2020.

[2] 詹姆斯·韦伯·扬.创意的生成[M].祝士伟,译.杭州:浙江教育出版社,2021.

[3] 陈爱玲.创新潜能开发实用教程[M].2版.北京:电子工业出版社,2022.

[4] 谭贞.创新创意基础教程[M].北京:机械工业出版社,2013.

[5] 杰夫·戴尔,赫尔·葛瑞格森,克莱顿·克里斯坦森.创新者的基因:珍藏版[M].2版. 曾佳宁,译.北京:中信出版社,2020.

[6] 希斯赞特米哈伊.创造力:心流与创新心理学[M].黄珏苹,译.杭州:浙江人民出版 社,2015.

[7] 吴兴富,刘俊芳,陈梦薇.职业规划与职业发展[M].杭州:浙江大学出版社,2013.

[8] 沈萌红.创新的方法:TRIZ 理论概述[M].北京:北京大学出版社,2011.

[9] 刘训涛,曹贺,陈国晶.TRIZ 理论及应用[M].北京:北京大学出版社,2011.

[10] 陈晶晶,李萌.新时代大学生创新创业能力提升路径研究[J].齐鲁师范学院学报,2022 (6):46-52.

[11] 刘舜,张艳丽.经管类大学生创新创业能力提升路径研究[J].教育教学论坛,2022 (37):161-164.

[12] 陈月.新时代大学生创新创业能力提升路径研究——以数字经济环境为背景[J].投资 与创业,2021(18):18-20.

[13] 廖彩霞,周勇成.技能型社会视域下高职学生创新创业能力提升的挑战与路径[J].教 育与职业,2022(18):67-71.

[14] 刘宇."双高"建设背景下高职学生创新创业能力培育路径分析[J].产业与科技论坛, 2021(9):170-171.

[15] 孔燕.基于创业教育理念下的高校思政教改与创新模式探析[J].公关世界,2022(2): 90-91.

[16] 陈元书.新媒体运营与大学生创新创业能力提升研究[J].新闻研究导刊,2022(15): 206-208.